DALAI-LAMA
TODOS OS DIAS

Dados Internacionais de Catalogação na Publicação (CIP)
(Câmara Brasileira do Livro, SP, Brasil)

6ª ed.

Tenzin Gyatso, Dalai-Lama XIV, 1935-
Dalai-Lama todos os dias : 365 meditações diárias / Tenzin Gyatso ; antologia selecionada e apresentada por Bernard Baudouin ; tradução Sabino Ferreira Affonso. – 6ª ed. – Campinas, SP : Verus Editora, 2010.

Título original: Le petit livre de sagesse du Dalaï-Lama.
ISBN: 978-85-87795-85-4

1. Budismo - Tibete - Doutrinas 2. Orações 3. Meditações 4. Tenzin Gyatso, Dalai-Lama XIV, 1935- I. Baudouin, Bernard. II. Título.

05-7564 CDD-294.3923092

Índices para catálogo sistemático:
1. Dalai-Lama : Meditações diárias : Budismo tibetano : Religião 294.3923092
2. Meditações diárias : Dalai-Lama : Budismo tibetano : Religião 294.3923092

Antologia selecionada e apresentada por
Bernard Baudouin

DALAI-LAMA
TODOS OS DIAS

365 meditações diárias

6ª edição

Tradução
Sabino Ferreira Affonso

VERUS editora

Título original
Le Petit Livre de Sagesse du Dalaï-Lama
365 pensées et méditations quotidiennes

Editora
Raïssa Castro

Coordenadora Editorial
Ana Paula Gomes

Revisão
Aurea G. T. Vasconcelos
Maria Lúcia A. Maier

Diagramação
Daiane Avelino

Capa & Projeto Gráfico
André S. Tavares da Silva

VERUS EDITORA LTDA.
Rua Benedicto Aristides Ribeiro, 55
Jd. Santa Genebra II - 13084-753
Campinas/SP - Brasil
Fone/Fax: (19) 3249-0001
verus@veruseditora.com.br
www.veruseditora.com.br

Sumário

Prólogo.....7

Janeiro.....11
Fevereiro.....42
Março.....70
Abril.....101
Maio.....131
Junho.....162
Julho.....192
Agosto.....223
Setembro.....254
Outubro.....284
Novembro.....315
Dezembro.....345

Bibliografia.....377
Tenzin Gyatso, o 14º Dalai-Lama.....381

Prólogo

Palavras, orações, migalhas de luz, notas de esperança, tesouros de paciência e de serenidade... assim são os pensamentos e meditações diárias do Dalai-Lama. Umas tantas palavras que pontuam a vida de todos e de cada um, lançadas dia após dia sobre as telas da modernidade ambiente, como outras tantas evidências, a um só tempo simples e surpreendentes, que fazem de repente ressurgir a autenticidade de todos os momentos.

É precisamente a esse retorno individual às fontes, cotidianamente renovado, que nos convida, com a mais completa humildade, o Dalai-Lama, tido como um dos maiores mestres espirituais de nosso tempo.

A força do pensamento budista, o imenso poder da compaixão e da meditação, a abertura para o outro e o respeito a cada um impregnam cada pequena frase que ilustra, um depois do outro, cada dia do ano. Esses 365 dias que balizam nosso ano tornam-se outros tantos motivos para o surgimento de uma espiritualidade nova, de uma vontade de compreender, de dominar e de harmonizar nossa trajetória de seres humanos.

O Dalai-Lama nos presenteia aqui com pequenos ditos que instilam, naquele que os percorre, um poderoso antídoto contra as incertezas e dúvidas inerentes à vida em sociedade, iluminando com um estado de espírito renovado nossa percepção do mundo e as escolhas fundamentais que dela decorrem.

São seus maiores atributos a meditação profunda, a serenidade de espírito e o pensamento positivo, que retornam insistentemente, apaziguando nossas desordens emocionais e conferindo à nossa própria evolução uma dimensão nova.

O Dalai-Lama se nos apresenta, então, não mais como o personagem conciliador reconhecido por todos, mas com a simplicidade e humildade do monge budista que toda manhã se levanta às 3h30 da madrugada para se entregar, a seguir, a cinco horas de meditação e de orações, antes de, por fim, entregar-se às atividades mais "mundanas".

Assim ele desvela diante de nós uma percepção nova do tempo que, pouco a pouco, aprofunda o contorno da noção de "impermanência", tão cara ao budismo mais autêntico. Ante este olhar depurado, no interior dessas palavras luminosas, o tempo se alonga, a própria realidade muda de fisionomia, para descerrar diante de nós o verdadeiro sentido destas horas e destes dias que passam, desta vida que se esvai segundo a segundo. Enfim, nossa trajetória humana.

Na visão do Dalai-Lama, cada dia do ano, ao mesmo tempo que nos brinda com a oportunidade de perpetuar a vida e de apreciar seus inúmeros benefícios, leva-nos, com o recurso de certas palavras por vezes irrelevantes, às fontes de nossa essência mais profunda, rasgando uma trilha de avivamento de nossa verdadeira identidade, sejamos ou não crentes e praticantes.

1º de janeiro

Quanto mais respeito sentimos por uma pessoa comum, mais dela nos aproximamos e mais nos predispomos a seguir seus conselhos.

Do mesmo modo, quanto mais crédito você der a seu mestre, maior progresso terá nas suas práticas.

2 de janeiro

Se está acima de sua capacidade dar o melhor de si, a situação é uma; mas, se está ao seu alcance, você deve fazê-lo.

3 de janeiro

Todos os seres sensíveis, cujo número é infinito como o espaço, são iguais quanto ao fato de não desejarem o sofrimento e de aspirarem à felicidade.

Esteja atento ao detalhe de que a felicidade e o destino da infinidade dos seres são de importância primordial.

4 de janeiro

A única coisa que importa é colocar em prática, com sinceridade e seriedade, aquilo em que se acredita.

5 de janeiro

Para saber como amar os outros, é preciso, primeiro, saber o que significa amar-se a si mesmo. O altruísmo não é simplesmente esquecer-se de si. É, acima de tudo, refrear os sentimentos egoístas que nos impelem a explorar o outro ou a prejudicá-lo.

Em geral, é completamente negativo detestar-se ou deixar de ter estima por si mesmo. Tal predisposição é altamente lastimável e não poderá levar a nada de positivo.

6 de janeiro

É indispensável demonstrar tolerância e paciência no amor a seus inimigos. Esse é o fundamento da vida espiritual, graças ao qual vivemos para o amor do próximo e para o bem da humanidade.

7 de janeiro

É desfazendo-nos do carma impuro e das emoções perturbadoras que podemos nos libertar.

Chegamos a uma tal liberdade graças à sabedoria.

8 de janeiro

Há séculos que os tibetanos insistem na necessidade de cultivar e praticar qualidades tais como a compaixão e a sabedoria. Elas são, para eles, mais importantes do que a aquisição de riquezas materiais, o renome ou o sucesso.

Consideram a força interior, a brandura, o amor, a compaixão, a sabedoria, a estabilidade de espírito, como os mais preciosos tesouros que um ser humano, homem ou mulher, pode acumular ao longo de sua vida.

9 de janeiro

Se agir é um prazer, então a meditação tem todas as chances de alcançar sucesso.

A nobreza do desejo de ser benéfico aos outros é extremamente frutuosa. É a principal fonte da felicidade, da coragem e do sucesso.

10 de janeiro

Se existe um conflito entre o interesse a curto prazo e o interesse a longo prazo, este último é o mais importante. Os budistas têm por hábito dizer que nada existe de absoluto e que tudo é relativo.

Eis por que, em tudo, é preciso que julguemos em função das circunstâncias.

11 de janeiro

É falsa a ideia segundo a qual todos os problemas humanos podem ser resolvidos pelas máquinas ou pela via material. Por certo, as facilidades materiais são extremamente úteis. Mas, ao mesmo tempo, é normal que nem todas as nossas dificuldades possam ser solucionadas apenas pela técnica. Não somos produto de máquinas, nossos corpos não são objetos puramente mecânicos.

Em consequência, devemos pensar séria e prioritariamente em nossas capacidades interiores, em nossos valores mais íntimos e profundos.

12 de janeiro

Para quem aspira a uma vida feliz, é muito importante valer-se tanto de meios internos como de meios externos. Em outras palavras, associar desenvolvimento material a desenvolvimento espiritual.

13 de janeiro

Aquilo que gera resultados positivos tem também a capacidade de gerar consequências negativas.

O mais importante é valer-se da inteligência humana e do julgamento, sem, contudo, deixar de estar muito atento às vantagens da felicidade, tanto a curto quanto a longo prazo.

14 de janeiro

O papel da inteligência é determinar as potencialidades positivas e as negativas de um acontecimento, bem como seus resultados.

A inteligência deve, alimentada pela plena consciência que brota da educação, permitir que se emita um julgamento e que, consequentemente, se utilize tal potencial com vistas a assegurar o bem-estar do indivíduo.

15 de janeiro

A vaidade e o orgulho geram consequências negativas, ao passo que a confiança em si gera resultados muito mais positivos.

16 de janeiro

O desejo que repousa sobre razões oportunas é positivo, ao passo que o que não tem bases sinceras é negativo e pode gerar problemas.

O desejo é a principal mola propulsora na concretização da felicidade, presente ou futura.

17 de janeiro

Nosso senso de contentamento é um elemento primordial para atingirmos a felicidade. A saúde corporal, a riqueza material e a amizade são três fatores essenciais para chegarmos a isso.

O contentamento é, definitivamente, a chave que determina a natureza de nossas relações com esses três fatores.

18 de janeiro

Nosso comportamento perante a vida é determinante, visto que exerce influência sobre nosso ambiente material e sobre nossos relacionamentos e pode, na verdade, gerar satisfação autêntica e duradoura.

19 de janeiro

Para praticar com sucesso a generosidade e o dom, é necessário possuir previamente uma disciplina ética, certa perspectiva e princípios.

A generosidade e o dom não serão eficazes, a menos que consigam suportar as provações e a adversidade quando estas se fizerem presentes.

20 de janeiro

Quando sobrevém um acontecimento, é por vezes proveitoso encará-lo de diferentes ângulos. Poder-se-ão então ver seus aspectos positivos ou salutares.

Ademais, pode ser de grande utilidade confrontá-lo imediatamente com outras coisas.

Essa abordagem é muito positiva para o cultivo e manutenção de nossa paz interior.

21 de janeiro

Se você entende corretamente a verdadeira natureza da impermanência, você se dá conta de que ela nos revela algo muito simples: tudo aquilo que existe é produto de causas e de condições.

22 de janeiro

Mesmo que não exista uma segunda vida, há certa vantagem em crermos nesse fato se isso traz consolo, porque, se há um abrandamento de nossos temores, podemos encarar a morte de forma mais serena.

Assim como no caso de uma batalha temos todas as chances de perder quando não nos preparamos, também quando estamos verdadeira e perfeitamente preparados, podemos defender-nos com mais facilidade.

23 de janeiro

Ante a aproximação da morte, é essencial que se tenha o espírito em paz, quer se acredite, quer não, no budismo ou em qualquer outra religião. Quando ela está próxima, o indivíduo deve evitar entregar-se à cólera, à raiva. Isso é de importância primordial.

Mesmo quem não crê pode constatar que é menos penoso "passar para o outro lado" com o espírito em paz.

24 de janeiro

É claro que qualquer indivíduo que se esforce é capaz de evoluir. Contudo, tal mudança não é imediata e por vezes requer bastante tempo.

Em qualquer caso, se de fato quisermos transformar e dominar nossas emoções, é imperativo que analisemos quais de nossos pensamentos são úteis, construtivos e nos trazem algum benefício concreto.

25 de janeiro

Nossas sensações de descontentamento, de tristeza, de perda da esperança, estão, na verdade, estreitamente associadas a inúmeros acontecimentos.

Se não nos colocarmos na perspectiva correta, pode ocorrer que um detalhe mínimo, ou mesmo tudo aquilo que nos rodeia, provoque em nós um sentimento de frustração.

26 de janeiro

Somente as pessoas que conhecemos e que nos criam problemas é que de fato nos oferecem ocasião de praticar a tolerância e a paciência.

Nossos inimigos ou, mais amplamente, todos aqueles que nos desejam o mal, merecem, portanto, o maior respeito e devem ser considerados como nossos mais preciosos mestres.

27 de janeiro

A concepção de uma criança necessita de um contexto moral e de uma postura muito particulares.

De acordo com a ciência, enquanto a criança se encontra ainda no seio de sua mãe, a tranquilidade de espírito desta última tem um efeito muito positivo sobre o bebê que está por nascer.

Ao contrário, se o estado mental da mãe é negativo – se, por exemplo, ela se sente frustrada ou irritada –, as consequências se mostram prejudiciais a um desenvolvimento sadio da criança.

28 de janeiro

Quem quer sentir uma compaixão autêntica deve, antes de mais nada, habituar-se a ficar sereno.

Isso é tão importante que, se não houver um agudo senso de serenidade diante de todas as coisas, as sensações que tivermos diante dos outros serão necessariamente parciais.

29 de janeiro

Quanto maior e mais forte é seu altruísmo para com os seres sensíveis, mais você se torna corajoso.

Quanto maior a sua coragem, menos você se sente inclinado ao desânimo e à perda da esperança.

30 de janeiro

Se você está hesitante, se sente medo e se lhe falta confiança em si mesmo, você desenvolverá uma atitude pessimista. Eis a verdadeira fonte do fracasso.

De fato, tal atitude impede que você realize o que quer que seja, mesmo aquilo que, de outra forma, poderia realizar com facilidade.

Ao contrário, se alguma coisa é difícil de ser posta em prática, mas você demonstra uma determinação inquebrantável, seguramente terá êxito.

31 de janeiro

Se nos interessamos muito de perto por aquilo a que chamamos o "presente", ou mesmo ao ano, ao mês, ao dia, à hora, ao minuto, ao segundo, não o compreendemos.

Exatamente um segundo antes do presente, ali está o passado; e um segundo após, é já o futuro. Então, o presente não existe. E, se não existe presente, nesse caso é difícil falar de passado e de futuro.

1º de fevereiro

Não existem causas estranhas à nossa felicidade pessoal.

Na realidade, ela depende de um grande número de fatores. Isso equivale a dizer que, se você quer ter uma vida mais feliz no futuro, é preciso cuidar atentamente de tudo aquilo com que você se relaciona.

2 de fevereiro

Quando você demonstra compaixão, ao invés de se desligar de uma situação, seu engajamento se torna, ao contrário, mais profundo e completo.

Isso se deve ao fato de que a compaixão se baseia num modo de pensar válido e eficaz que, ao final, levará você a aprimorar sua perspicácia na natureza da realidade.

3 de fevereiro

A partir do momento em que você desenvolve sua perspicácia, sua compreensão do vazio, as emoções deixam de ter domínio sobre seu espírito.

4 de fevereiro

Quando penso em mim, muito embora inicialmente possa ter um "eu" independente, e se me olhar mais de perto, descubro que, a não ser a soma dos múltiplos fatores que constituem minha existência e os diferentes momentos do *continuum* que moldam meu ser, nada há que se assemelhe a uma entidade absolutamente independente.

5 de fevereiro

Quando buscamos a verdadeira essência de um fenômeno ou de um acontecimento, encontramos, ao final, o vazio.

Isso não significa, contudo, que ele seja absoluto, porque, como conceito ou entidade, ele não resistiria a uma análise.

Se passarmos a considerá-lo como um objeto e voltarmos a examiná-lo, não conseguiremos mais encontrá-lo.

6 de fevereiro

O principal papel de qualquer praticante de uma religião é examinar-se em seu foro interior, tentar transformar seu corpo, sua palavra e seu espírito, e agir de acordo com os ensinamentos e com os princípios da tradição religiosa que assume ser a sua.

7 de fevereiro

É possível deparar com circunstâncias nas quais a motivação básica aparenta ser compassiva, mas cujo catalisador imediato, ou seja, seu fator de motivação, é a cólera, que é em si uma força muito grande do espírito.

8 de fevereiro

Devemos levar em consideração que, em nossa percepção da realidade, existem diversos níveis de divergência, notadamente entre o que percebemos e o modo como os fatos e acontecimentos se desenrolam realmente.

9 de fevereiro

É durante o sonho que podemos nos familiarizar com a morte, porque trata-se de um processo de "dissolução" análogo.

De certa forma, valendo-se do sonho, as pessoas que meditam "repetem" os processos de dissolução, a ponto de se familiarizarem com eles, e assim se exercitam a reconhecer os sinais associados aos seus diferentes níveis.

10 de fevereiro

Devemos preservar sempre no espírito a compaixão e a sabedoria. É muito importante utilizarmos nossas próprias faculdades de inteligência para julgar, a curto ou a longo prazo, as consequências de nossos atos.

11 de fevereiro

Viver em sociedade, seja numa comunidade, seja num grupo de pessoas, exige que nos juntemos uns aos outros. A sociedade resulta de um amálgama de indivíduos e, consequentemente, a iniciativa deve partir deles.

Se cada indivíduo não desenvolve seu próprio senso de responsabilidade, a comunidade inteira fica impedida de evoluir.

É, pois, absolutamente essencial que não se considere o esforço individual como pouco significativo. É preciso que nos esforcemos nesse sentido.

12 de fevereiro

É importante ter em mente uma coisa: desenvolvimento espiritual requer tempo. Não se faz de um dia para o outro.

13 de fevereiro

Se nosso espírito não se mantém estável e calmo mesmo quando nossa condição física é satisfatória, não conseguimos tirar dele prazer nenhum.

Portanto, o segredo de uma vida desabrochada, agora e no futuro, consiste em desenvolver um espírito feliz.

14 de fevereiro

Numa época em que as pessoas se preocupam tanto com os cuidados de sua saúde física, controlando a alimentação, praticando exercícios etc., torna-se essencial desenvolver e cultivar as atitudes mentais positivas correspondentes.

15 de fevereiro

O desenvolvimento de um coração aberto e gentil ou o fato de nos sentirmos mais próximos de todos os seres humanos não implica, por si só, uma forma qualquer de religiosidade.

Não é algo exclusivo de quem acredita na religião; está ao alcance de todos, independentemente de qualquer religião ou filiação política.

Isso cabe a qualquer pessoa que se considere, antes e acima de tudo, membro da família humana e que veja as coisas numa perspectiva mais ampla.

16 de fevereiro

Desde que você tenha uma motivação pura e sincera, todo o resto é consequência.

Podemos desenvolver uma atitude justa diante dos outros a partir da gentileza, do amor, do respeito, fundamentando-nos na compreensão plena da unidade de todos os seres humanos.

17 de fevereiro

Um bom espírito, um bom coração, sentimentos calorosos – eis o que há de mais importante. Se você não tiver um espírito assim, não poderá ser feliz, como também não o poderão seus pais, seu parceiro, seus filhos, seus vizinhos.

18 de fevereiro

Acima de tudo, devemos pensar nos outros antes de pensarmos em nós mesmos: o "eu" deve ser colocado em segundo lugar.

Todos os nossos atos, gestos e pensamentos devem ser motivados pela compaixão.

O meio de chegarmos a essa forma de visão consiste em aceitarmos o simples fato de que, seja lá o que for que desejarmos, os outros igualmente o desejam.

19 de fevereiro

Sem amor não poderíamos sobreviver. Os seres humanos são criaturas sociais, e sentir-se valorizado pelos outros é a própria base da vida em comunidade.

20 de fevereiro

Um dos pontos mais relevantes nos relacionamentos humanos é a gentileza. Ela, o amor e a compaixão, esse sentimento que é a essência da fraternidade, levam-nos à paz interior.

21 de fevereiro

A compaixão é, por natureza, serena e doce, mas muito poderosa. É o verdadeiro sinal da força interior.

22 de fevereiro

A compaixão nos leva a voltar-nos sobre todos os seres vivos, mesmo sobre nossos – assim chamados – inimigos, aqueles que nos incomodam ou nos machucam.

Independentemente do que nos façam, se tivermos em mente que todos os seres humanos buscam, como nós, ser felizes, fica muito mais fácil sentirmos compaixão para com eles.

23 de fevereiro

Sobre a base de relações humanas autênticas – sentimentos reais de um para com o outro, compreensão recíproca – torna-se possível desenvolver a confiança mútua e o respeito. A partir disso, podemos partilhar o sofrimento dos outros e construir a harmonia na sociedade humana.

24 de fevereiro

Não podemos tomar o caminho que nos leva a pôr fim ao sofrimento sem antes termos compreendido a lei do carma ou a lei das ligações de causa e efeito.

Pensamentos e atos negativos produzem condições e resultados negativos, bem como pensamentos e atos positivos geram outros ainda mais positivos.

25 de fevereiro

O estudo é como a luz que ilumina a obscuridade da ignorância, e o conhecimento que dele resulta é um bem supremo que não pode ser arrebatado nem mesmo pelo maior dos ladrões.

O estudo é a arma contra a ignorância. É também nosso melhor amigo para nos guiar nos momentos difíceis.

26 de fevereiro

Muitos daqueles que se mostram indiferentes a qualquer forma de prática espiritual são, nos países desenvolvidos, materialmente bem-sucedidos. Ao mesmo tempo, mostram-se completamente insatisfeitos. Sofrem a angústia de ambicionar ainda mais e, embora materialmente ricos, são mentalmente pobres. Quando descobrem que não podem realizar todos os seus desejos é que seu problema verdadeiramente começa.

27 de fevereiro

Devemos aproveitar todas as ocasiões de praticar a verdade, de nos tornarmos melhores, ao invés de, para isso, ficarmos esperando estar menos ocupados.

28 de fevereiro

De todas as pessoas que conhecemos ou que vivem ao nosso lado, nenhuma estará viva dentro de cem anos. A morte não pode ser afastada com mantras ou buscando refúgio junto a um líder político poderoso.

Ao longo de minha vida deparei-me com muitas pessoas: agora não são mais do que lembranças na memória. Encontro hoje muitas outras. É como ver uma peça de teatro: depois de ter representado seu papel, os atores mudam o figurino e se reapresentam.

1º de março

Ao tomarmos conhecimento dos grandes inconvenientes da voracidade de nosso instinto com relação à permanência, devemos opor-nos a ele e manter viva a consciência da morte, a fim de sermos motivados para levar adiante, com maior seriedade, a prática do darma. A importância da consciência da morte não se deve limitar apenas ao estágio inicial. Ela é essencial a todas as etapas da caminhada: ao começo, ao meio e ao fim.

2 de março

Já gastamos tanto tempo, dispendemos tanta energia e fizemos tantas pesquisas na exploração do mundo exterior que, se agora mudarmos essa abordagem e a dirigirmos para o nosso íntimo, se começarmos a analisar, penso que realmente teremos a capacidade de compreender a natureza da consciência – essa clareza, essa luminosidade – que reside dentro de nós mesmos.

3 de março

Logo que você pratica uma ação, existem e se intensificam as condições básicas para uma reação, até que seus efeitos sejam alcançados. Se, ao contrário, você não a pratica, jamais será confrontado com as suas consequências.

Uma vez que você a tenha praticado, a menos que você se ponha a purificá-la através de práticas adequadas (ou, se se trata de uma ação virtuosa, a menos que ela seja destruída pela cólera ou por fatores contrários), seu efeito vai se desencadear.

Uma ação, mesmo quando praticada muitas vidas atrás, jamais perde sua influência pelo simples decorrer do tempo.

4 de março

Você não deveria mostrar-se possessivo ante seus afazeres, bem como não deveria trabalhar para acumular mais e mais riquezas, porque as posses serão outros tantos obstáculos à sua prática da generosidade.

Buda doou todas as suas posses em benefício dos outros, e isso lhe permitiu alcançar o estado de perfeita Iluminação.

5 de março

Diz-se que, se você consagrou seu próprio corpo e suas posses – bem como suas virtudes – ao serviço dos outros, quando você se serve dessas coisas deve agir como se as estivesse tomando emprestadas dos outros para o próprio benefício deles.

6 de março

Para aumentar e desenvolver seu senso de generosidade, você deveria começar doando todas as pequenas coisas que possui.

Com a prática, isso o levará a nada possuir, nem mesmo a menor apreensão ou restrição ao fato de entregar o seu próprio corpo.

7 de março

Para praticarmos corretamente o darma, devemos pensar de maneira racional nos inúmeros efeitos negativos produzidos pela cólera e nos resultados positivos gerados pela compaixão.

Podemos também refletir sobre o fato de que a pessoa que é objeto de nossa fúria é exatamente como nós: ela quer somente chegar à felicidade e ver-se livre da miséria.

Em tais circunstâncias, como nos poderíamos justificar de ferir essa pessoa?

8 de março

Quando o espírito se vê influenciado por um firme pensamento virtuoso, nenhum dado negativo consegue entrar em ação ao mesmo tempo.

Se você está motivado por pensamentos cordiais e felizes, até mesmo as ações aparentemente negativas podem gerar resultados positivos.

9 de março

O budismo está fundamentalmente relacionado ao espírito. Nossas ações físicas e verbais não têm senão um papel secundário.

Consequentemente, a qualidade ou a pureza de qualquer prática espiritual é determinada pela intenção e pela motivação do indivíduo.

10 de março

Nossa prática deveria ser tal que as emoções perturbadoras – hostilidade, apego, ignorância – pudessem ser eliminadas. Nosso espírito deveria ver-se libertado dessas desilusões e deveríamos, em lugar delas, cultivar qualidades positivas.

11 de março

Para chegar à felicidade e livrar-me da miséria, vida após vida, devo admitir que os três venenos – as perturbadoras emoções do desejo, do ódio e da ignorância – são meus inimigos.

12 de março

A ignorância – o fato de acreditar que as coisas existem como elas se mostram, de forma independente e em toda a sua autonomia, sem depender de causas precisas – é a raiz das ilusões.

Para neutralizar tais pensamentos ignorantes e egocêntricos, devo dar provas de cordialidade, compaixão, altruísmo e da sabedoria que leva em conta o vazio.

13 de março

Quando podemos ajudar os outros a fazer nascer em seu coração a virtude, a torná-los felizes e a dar sentido à sua vida, esse é um grande e autêntico serviço prestado ao Buda e à sua doutrina. É preciso que nos empenhemos e que dirijamos todos os nossos esforços nesse sentido.

É esse o melhor meio de colaborarmos na concretização do bem-estar nosso e dos outros.

14 de março

O espírito que chega a conceber a verdadeira existência é extremamente ativo, forte e astucioso.

Graças a uma prática sincera, os adeptos da religião podem chegar à paz e tornar-se mais disciplinados, civilizados, melhores. Fazem bem a si e – boa parte deles – prestam grande serviço à humanidade.

15 de março

Alcançar a felicidade e vencer a miséria são tarefas iguais a tantas outras. Para cumpri-las, precisamos agrupar os fatores favoráveis e eliminar os obstáculos.

Se queremos alcançar um determinado *status* social, se estamos em busca de celebridade e de riqueza, devemos empenhar-nos em criar as condições necessárias para isso.

16 de março

Muito embora devamos dedicar algum tempo e certa quantidade de energia aos afazeres desta vida, é importante que nos preparemos também para nossa vida futura. Caso contrário, estaríamos desperdiçando as ocasiões que nossa preciosa existência humana nos oferece.

Se nos lançarmos à nossa próxima vida sem termos melhorado a nós mesmos, é praticamente certo que nosso renascimento ocorrerá num universo e num contexto mais difíceis.

17 de março

Não nascemos neste mundo como seres humanos para criar problemas e confusões. Se assim fosse, a existência humana não teria grande interesse.

Em consequência, uma boa atitude a ser tomada consiste em pensar que iremos alcançar o estado do Despertar búdico a partir de nossa própria preciosa vida humana.

18 de março

Quando nossas capacidades humanas são canalizadas para uma boa direção, motivadas por uma atitude adequada, coisas maravilhosas acontecem. Isso porque o valor da vida humana é inestimável.

De um ponto de vista puramente espiritual, é a partir de uma vida humana que se podem desenvolver diferentes tipos de perspicácia e de realização.

Só o espírito humano é capaz de produzir o amor infinito e a compaixão.

19 de março

Uma vez adquirida a convicção de que a vida como ser humano livre e feliz é rara e preciosa, deveríamos ter em conta que isso não é definitivo. Se bem que a vida humana tenha essa capacidade, ela é efêmera e não dura muito.

Segundo os textos sagrados, deveríamos meditar sobre três assuntos fundamentais: a certeza da morte, a incerteza quanto ao momento em que ela ocorrerá e o fato de que, nesse momento, somente as realizações espirituais é que podem servir de verdadeira ajuda.

20 de março

Todos possuem, de forma inata, a natureza búdica, e as emoções que a perturbam não são mais do que penas temporárias do espírito.

Praticando corretamente o darma, essas emoções que perturbam podem ser completamente dissipadas, e nossa natureza búdica pode ser revelada em sua verdadeira dimensão.

21 de março

A menos que tenhamos alguma experiência de sofrimento, nossa compaixão pelos outros é insignificante.

Eis por que o desejo de nos livrarmos do sofrimento deve anteceder qualquer tipo de compaixão pelos outros. O objetivo de todas as nossas práticas espirituais deveria ser o espírito do Despertar.

22 de março

Para que nosso senso do espírito do Despertar seja eficaz e poderoso, meditemos sobre a morte e sobre a lei da causalidade.

Meditemos, igualmente, sobre a natureza viciosa do ciclo das existências e sobre as vantagens do nirvana.

23 de março

Aceitamos que a morte deva, finalmente, alcançar-nos algum dia, mas, visto que o momento de sua vinda não está fixado, temos a tendência de pensar nela como sempre distante. Isso é uma ilusão.

Na realidade, estamos permanentemente correndo para a morte, sem jamais nos determos um só instante.

24 de março

O processo da morte se situa no fenômeno da dissolução gradual de nossos elementos interiores.

Se nos familiarizarmos com tal processo, no momento da morte seremos capazes de encará-la.

25 de março

Para quem aceita a possibilidade de vidas futuras, a morte se mostra como o simples fato de mudar as roupas. A continuidade do espírito prossegue.

Contudo, como não temos qualquer ideia do futuro, é necessário que nos entreguemos desde já a práticas que nos ajudem quando ocorrer esse momento.

26 de março

Você deveria dar um basta a todas as atividades negativas e concentrar esforços em acumular atividades sadias.

Entre essas, a mais importante é entregar-se ao precioso Despertar do espírito, tendo em vista alcançar a Iluminação em benefício de todos os seres sensíveis.

27 de março

As ações não fazem nascer unicamente as experiências positivas ou negativas desta vida; elas têm efeito semelhante também sobre as vidas futuras.

28 de março

Podemos observar inúmeras pessoas ricas e humanamente bem situadas que, entretanto, não provam contentamento algum. E, quando se sentem privadas de satisfação, imaginam ser as pessoas mais miseráveis do mundo.

Nossa prática espiritual não pode ser coroada de sucesso enquanto não experimentarmos o ciclo da existência como uma simples série de altos e baixos.

29 de março

Todos os nossos componentes físicos e mentais, inclusive nosso corpo, resultam de ações "contaminadas" e de emoções desequilibradas. Em consequência, também o que nos alimenta tem aspectos ao mesmo tempo físicos e mentais.

Nós sofremos porque essa é a natureza de nosso corpo. Mas não há interesse nenhum em desenvolver aversão por ele.

A estratégia mais sábia consiste em encontrar as causas do sofrimento e eliminá-las.

30 de março

O espírito do Despertar é o pensamento positivo supremo. Eis por que é melhor empregar todos os meios e métodos para desenvolvê-lo.

Mesmo em nossa vida ordinária, a cordialidade e a generosidade são cotadas no mais alto grau.

31 de março

Somos essencialmente animais sociais que dependem uns dos outros para atender às suas necessidades. Não alcançamos a felicidade nem a prosperidade e não progredimos a não ser pela interação social.

É por isso que uma atitude gentil e prestativa é fonte de felicidade, e o espírito do Despertar, o mais alto dos pensamentos salutares.

1º de abril

Não deveríamos pensar no espírito do Despertar como num simples objeto de admiração.

Trata-se de uma coisa que deveríamos gerar em nós mesmos. Temos a capacidade e a oportunidade de fazê-lo.

Você pode ter sido uma pessoa horrivelmente egoísta em sua vida anterior, mas, com determinação, você pode transformar o seu espírito.

2 de abril

Há uma qualidade única do espírito que faz com que, uma vez que você se tenha familiarizado com um objeto, seu espírito estabilize a relação que você tem para com ele.

Diferentemente do desenvolvimento físico, que está sujeito a restrições naturais, as qualidades do espírito podem ser desenvolvidas ilimitadamente.

O espírito é como fogo: se você o alimenta continuadamente, vê seu calor aumentar sem cessar.

3 de abril

Aqueles que consideramos nossos amigos nesta vida nem sempre o foram. Da mesma forma, aqueles que pensamos serem atualmente nossos inimigos nem sempre nos foram hostis.

O que se pretende aqui é reduzir, ao mesmo tempo, os apegos aos parentes e amigos, a cólera e a raiva contra os inimigos.

Pense que não existe nenhum ser sensível que algum dia não tenha sido seu amigo. É assim que você irá desenvolver a serenidade ante todos os seres sensíveis.

4 de abril

Não podemos cultivar a prática da generosidade, da ética e da paciência a não ser relacionando-nos com os outros seres sensíveis.

É somente com relação a eles que desenvolvemos o amor, a compaixão e o espírito do Despertar.

5 de abril

Os seres sensíveis são incontáveis e muito diferentes uns dos outros.

Alguns nos ajudam, outros nos magoam, mas, visto que todos eles buscam a felicidade e repudiam o sofrimento, são todos iguais.

6 de abril

O espírito não pode ser transformado pela força, com a ajuda de punhais e de revólveres. Pode parecer fraco, sem cor e disforme, mas na verdade é rijo e resistente.

O único meio de mudá-lo consiste em valer-se do próprio espírito. Porque somente o espírito pode fazer uma diferenciação entre o que deve ser feito e o que deve ser deixado de lado.

É assim que se pode dissipar a obscuridade da ignorância.

7 de abril

Quanto mais você estiver ferido, mais deve demonstrar paciência e compaixão para com quem ou com o que lhe faz o mal.

Se você for capaz disso, por mais assediado que esteja de adversários, isso se tornará para você uma fonte de grandes méritos.

8 de abril

Veja como todos os seres sensíveis são idênticos no desejo de buscar a felicidade e rejeitar o sofrimento e como, por isso, se veem privados da felicidade.

Do mais profundo do coração, consagre a eles todas as qualidades positivas, as qualidades físicas, mentais e verbais, as riquezas e tudo o que você possui, desejando-lhes que encontrem a felicidade e tudo aquilo de que têm necessidade.

9 de abril

Se você leva uma vida particularmente ativa em sociedade e se vê confrontado com situações diversificadas, não se faça de vítima das circunstâncias.

Ao invés disso, transforme as adversidades em outros tantos fatores "formadores" de seu espírito.

10 de abril

Quanto mais familiarizamos nosso espírito com qualidades positivas e quanto mais as prezamos, tanto mais nosso espírito se torna estável e incorruptível.

11 de abril

Nossa capacidade de sorrir é um traço tipicamente humano. Quando sorrimos, tornamos felizes os outros e, da mesma forma, sentimo-nos felizes se os outros nos sorriem. Por outro lado, ninguém gosta de um semblante carrancudo. Assim é a natureza humana.

Ao contrário, se sorrimos com sinceridade, todos se mostram contentes. Isso demonstra o prazer inato que encontramos na amizade.

A natureza humana leva-nos a viver na amizade e em harmonia. Nossa vida se torna então feliz e cheia de sentido.

12 de abril

Buscar fazer o bem aos outros, direta ou indiretamente, valendo-nos da plena capacidade de nosso corpo, de nossa palavra e de nosso espírito, é o que dá pleno sentido à nossa vida.

Mesmo que você se sinta ainda incapaz, procure pelo menos esforçar-se. Será sempre preferível você imaginar que irá realizar ações benéficas.

13 de abril

Não existe coragem ou determinação mental mais forte e mais pura do que o espírito do Despertar. Você pode, certamente, responder aos males provocados pelos outros, mas sem jamais permitir que a compaixão e o amor se afastem de seu espírito.

14 de abril

Há duas formas de sermos virtuosos.

Uma, acumulando mérito, o qual é gerado pela compaixão, pelo amor e pelo espírito do Despertar.

A outra, revigorando a sabedoria, que se alcança pela reflexão sobre o significado da vida.

15 de abril

Em nosso dia a dia, é importante que nos reconfortemos quando sofremos ou nos sentimos deprimidos.

Da mesma forma, temos necessidade de voltar a pôr os pés no chão quando nos tornamos excessivamente entusiastas.

Se tivermos a coragem de encarar a adversidade e os problemas, eles não irão perturbar nosso equilíbrio mental.

16 de abril

Ter uma moral é mais importante do que ter uma grande generosidade. A prática da moral é a base de um espírito estável.

Este espírito pacífico e calmo nos permite gerar amor e compaixão. Essas duas posturas são sadias e nos libertam dos ciúmes, do medo e da cólera.

17 de abril

Incentivar a consciência interior, a introspecção e o raciocínio é mais eficaz do que meditar e orar.

18 de abril

A religião, a ideologia, a economia e os sistemas políticos são criações do homem.

Devem, pois, manter-se em estreita relação com os sentimentos e com o espírito humano. Quando praticados com forte sentimento humano, preenchem algumas das mais elementares aspirações.

As diferentes religiões e ideologias fazem sentido para a humanidade.

19 de abril

O nível humano de desenvolvimento mental não é completo. Mesmo no grau mais elementar, há ainda inúmeras coisas a serem exploradas em nosso estado interior. Isso nada tem que ver com qualquer ideologia religiosa. É espiritual.

Uma parte das capacidades do cérebro não pode ser plenamente utilizada senão por meio de uma profunda meditação. Mas, paralelamente, as coisas podem ser exploradas nas condições mais ordinárias.

Desse ponto de vista, o homem é inacabado.

20 de abril

Aprender a perdoar é muito mais útil do que pegar uma pedra e atirá-la por causa de nossa cólera, principalmente quando a provocação é abusiva.

É na maior adversidade que reside a maior capacidade de fazer o bem, seja a si mesmo, seja aos outros.

21 de abril

Uma árvore florida se faz nua e despojada no inverno. A beleza se transforma em feiura, a juventude em velhice, a falta em virtude.

As coisas não permanecem idênticas e nada existe verdadeiramente. As aparências e o vazio existem, portanto, simultaneamente.

22 de abril

A felicidade e a satisfação humanas devem, em última instância, provir do interior de cada um.

É um erro esperar obter satisfação completa a partir da riqueza ou da tecnologia.

23 de abril

Para descobrir o interior de alguém é preciso, com calma e serenidade, dar-se o tempo de pensar com maior introspecção e de sondar o mundo interior.

24 de abril

Se uma pessoa tem um espírito calmo e estável, isso influencia sua atitude e seu comportamento perante os outros.

Em outras palavras, se alguém permanece em estado de espírito pacífico e tranquilo, dificilmente será perturbado por acontecimentos exteriores.

25 de abril

Se somos apegados aos objetos e às pessoas, não estamos entendendo a sua verdadeira natureza.

Não podemos desapegar-nos das coisas a menos que tomemos consciência da sua verdadeira natureza.

26 de abril

A consciência é como um cristal: enquanto descansa sobre uma superfície colorida, não se vê a clareza incolor da pedra, mas, uma vez que afastemos o cristal dessa superfície, poderemos perceber seu brilho real.

27 de abril

Se você pretende mudar o mundo, tente primeiro melhorar e modificar a si mesmo.

A partir disso, tal missão estará mais ao seu alcance. Porque cada um de nossos atos produz um efeito.

28 de abril

A capacidade humana é a mesma para todos. Temos o poder do pensamento.

Se a isso você acrescenta o poder da vontade, você terá a possibilidade de fazer aquilo que deseja. É então que se diz que você é senhor de si mesmo.

29 de abril

Para deixar de nascer numa existência cíclica, medite sobre o caminho; mesmo que sua cabeça esteja em fogo, empenhe-se em praticar e não perca tempo em apagar o fogo.

30 de abril

É necessário ajudarmos os outros não apenas com nossas orações, mas com nossa vida de cada dia.

Se percebemos que não lhes podemos dar apoio, o mínimo que podemos fazer é deixar de lhes fazer o mal.

1º de maio

Veja seu corpo e seu espírito como um laboratório; empenhe-se numa pesquisa minuciosa de seu próprio funcionamento mental e examine a possibilidade de introduzir algumas modificações positivas em você mesmo.

2 de maio

O vazio deveria ser entendido no contexto de uma "emergência dependente" e evocar um senso de plenitude, de coisas criadas a partir de causas e de condições.

Não deveríamos pensar que o "eu" é algo presente na origem e eliminado no decorrer da meditação; é, na verdade, algo que jamais preexistiu.

3 de maio

Se somos muito pacientes, aquilo que poderíamos normalmente considerar como muito doloroso não parecerá, ao final, tão grave.

Mas, sem paciência, mesmo a menor das coisas se torna insuportável. Tudo depende de nossa atitude.

4 de maio

Os ideais são muito importantes na vida.

Sem eles não podemos agir. Se chegamos ou não a realizá-los, isso não tem muita importância. Mas devemos tentar aproximar-nos deles.

5 de maio

Uma boa motivação provoca uma boa ação.

A beleza da ação está no método, e o budismo é a beleza do resultado.

Em geral, a beleza equivale a algo de positivo, mas, se você é subjetivamente muito ligado a ela e dela se vale indevidamente, ela pode conduzi-lo à destruição.

6 de maio

Pode-se falar de amizade autêntica quando ela repousa sobre um verdadeiro sentimento humano, sobre uma sensação de proximidade na qual se afirma um senso de partilha e de apego.

Tal tipo de amizade pode ser considerado como autêntico porque não se deixa afetar pelo acúmulo ou redução da riqueza do indivíduo, por seu *status* ou por seu poder.

7 de maio

Deparar-se com sofrimentos contribui ativamente para a elevação da prática espiritual, contanto que você seja capaz de transformar o infortúnio e a falta de sorte em caminho.

8 de maio

Quando somos capazes de reconhecer e perdoar os atos de ignorância cometidos no passado, nós nos fortificamos e nos colocamos à altura de resolver de maneira construtiva os problemas do presente.

9 de maio

A principal causa da depressão não é a falta de meios materiais, mas a privação do afeto que vem dos outros.

10 de maio

É preciso combinar audição, pensamento e meditação.

Não seja muito exigente logo ao início dos exercícios. Vivemos numa época de tecnologia e de automação, e por isso se poderia pensar que o desenvolvimento interior é também uma prática automática e que bastaria apertar um botão para que tudo aconteça; não é bem assim.

O desenvolvimento pessoal não é fácil e requer tempo.

11 de maio

Os sonhos são uma ideia do espírito. Sob essas não mais que aparências não existem objetos tangíveis.

Da mesma forma, eu e os outros, *samsara* e *nirvana*, são designados por seus nomes e pelo conhecimento que se tem deles.

Não há, pois, existência alguma inerente a qualquer objeto que seja.

12 de maio

A culpabilidade, tal como entendida na cultura ocidental – relacionada com a falta de esperança e com o desencorajamento –, encontra-se voltada para o passado.

No entanto, os verdadeiros remorsos constituem um estado de espírito dos mais sadios, orientado para o futuro e relacionado com a esperança, que nos leva a agir, a mudar.

13 de maio

O tempo jamais se detém, e se esvai sem parar. Não somente se esvai sem se preocupar com os obstáculos, mas, da mesma forma, nossa vida continua, também ela, a ir incessantemente adiante.

Se algo vai mal, não podemos fazer voltar o tempo para tentar outra vez. Em certo sentido, não existe verdadeiramente uma segunda chance.

14 de maio

Diz um provérbio indiano: "Se você for atingido por uma flecha envenenada, a primeira coisa a fazer é arrancá-la; você não tem tempo de perguntar quem foi que atirou, de qual veneno se trata e outros detalhes mais. Resolva primeiro o problema imediato, questione depois".

Assim também, quando confrontados com o sofrimento humano, é importante reagirmos com compaixão antes de nos perguntarmos sobre o caráter daqueles a quem ajudamos.

15 de maio

Os relacionamentos humanos que se apoiam sobre a compaixão mútua e sobre o amor são fundamentalmente importantes e necessários à felicidade humana.

16 de maio

Deveríamos alegrar-nos com o sucesso dos outros, em lugar de mostrar-nos odiosos e infelizes com ele.

17 de maio

Para um meditante que atingiu certo grau de estabilidade e de realização, cada experiência se mostra um novo ensinamento. Cada acontecimento, cada experiência pela qual passa, revela ser uma forma de aprendizado.

18 de maio

Nas presentes circunstâncias, ninguém pode pretender que um outro qualquer venha resolver os seus problemas.

Cada indivíduo é responsável pelo fato de ajudar a guiar a totalidade de nossa comunidade para uma boa direção.

Bons propósitos não bastam; devemos engajar-nos do modo mais positivo possível.

19 de maio

Cada um de nós deve encetar uma caminhada de vida em plena consciência de si mesmo e com compaixão, no intuito de realizá-la o melhor possível.

Assim, aconteça o que acontecer, não teremos remorsos.

20 de maio

Na língua tibetana, o termo *bênção* significa "transformação por meio da majestade ou do poder".

Em suma, uma bênção provoca, como consequência, uma transformação no espírito do outro, e para melhor.

21 de maio

As bênçãos não bastam. Elas devem provir do interior. Sem esforço pessoal, é impossível que elas alcancem seu objetivo.

22 de maio

A exemplo de quem se utiliza da ferrugem proveniente do ferro, praticar uma ação sem um exame prévio nos destruiria, atirando-nos a um estado negativo de existência.

23 de maio

Tudo aquilo que contradiz a experiência e a lógica deveria ser abandonado.

24 de maio

Esforce-se para considerar como transitórias todas as perturbações e circunstâncias adversas. Como ondas dentro de uma vasilha, elas se manifestam, mas logo desaparecem.

Desse ponto de vista, como nossa vida é condicionada pelo carma, ela se caracteriza por infindáveis ciclos de problemas. Um problema aparece, depois se esvai... e logo surge um outro.

25 de maio

As incontáveis estrelas e constelações que hoje vemos foram progressivamente formadas e descobertas, mas, quanto mais potentes se tornarem os telescópios, mais estrelas e vidas encontraremos.

Portanto, quanto mais temos o poder de ver, mais temos o que ver.

26 de maio

Se nos examinamos a cada dia com atenção e vigilância, interrogando nossos pensamentos, nossas motivações e suas manifestações sobre nosso comportamento exterior, pode emergir em nós uma real oportunidade de mudança e de aperfeiçoamento pessoal.

27 de maio

A atitude de autossatisfação nos torna impacientes; cremo-nos extremamente importantes, e nosso desejo mais fundamental é sermos felizes, é que tudo corra da melhor forma possível.

Mas a autossatisfação jamais nos poderá tornar felizes.

28 de maio

"Por mais que o espaço se alargue e por tanto tempo quanto durem os seres vivos, faça que também eu, fielmente, possa erradicar a miséria do mundo" (Shantideva).

29 de maio

As coisas construtivas, as experiências humanas mais felizes, são, o mais das vezes, motivadas pelo respeito ao direito dos outros, pelo fato de se levar em conta seu bem-estar – a compaixão, o amor e a cordialidade.

30 de maio

Se quisermos mais sorrisos na vida, devemos criar condições para que eles apareçam.

31 de maio

Se os seus motivos são sinceros, você receberá de volta uma atitude aberta.

Eis o meio ideal para uma verdadeira comunicação humana, e não para um simples ato meramente formal.

1º de junho

Deveríamos estar preparados para quando irrompe uma avidez extrema ou alguma outra emoção negativa.

Se você opta por uma atitude clemente quando surge uma emoção negativa, esta se tornará mais forte.

Eis por que é melhor resistir-lhe ou rejeitá-la desde que aparece.

2 de junho

O mais importante na vida é a afeição humana. Sem ela não se pode chegar a uma felicidade autêntica.

E, se queremos uma vida mais feliz, uma família mais feliz, vizinhos mais felizes ou uma nação mais feliz, a chave do sucesso é a qualidade interior.

3 de junho

De onde provém a afeição e como desenvolvê-la ou aumentá-la?

A "semente" da afeição existe desde que existe o espírito humano.

Embora os pensamentos – negativos e positivos – e as emoções todas façam parte do espírito humano, a força dominante da consciência humana é a emoção.

4 de junho

Não basta ser compassivo. Você tem que agir. Há nessa ação dois aspectos.

O primeiro consiste em vencer as distorções e a pequenez de seu próprio espírito, o que leva a serenar e a afastar definitivamente a cólera. É a ação além da compaixão.

O outro é mais social. Quando se está realmente envolvido com o fato de ajudar verdadeiramente os outros, é preciso envolver-se, agir quando há necessidade de realizar alguma coisa para minorar os males no mundo.

5 de junho

Estamos todos aqui neste planeta como turistas. Ninguém é eterno.

É por isso que, enquanto aqui estamos, deveríamos tentar ter um coração bondoso, fazer algo de positivo e de útil com nossa vida.

Quer vivamos uns poucos anos, quer um século, seria verdadeiramente lastimável e triste passar esse tempo agravando os problemas que afligem as pessoas, os animais e o meio ambiente. O mais importante é ser um ser humano bom.

6 de junho

Por vezes dirigimos o olhar à política e a criticamos, porque a achamos suja e grosseira. Contudo, se a observarmos mais de perto, veremos que ela em si não é má.

Com uma boa motivação – aliada a sinceridade e honestidade –, a política se torna um instrumento a serviço da sociedade. Mas, quando motivada pelo egoísmo e pelo ódio, pela cólera ou pela inveja, ela se torna "suja".

7 de junho

Estar consciente de um só dos seus próprios defeitos é mais útil do que estar informado de mil deles por uma outra pessoa.

Em lugar de falarmos mal das pessoas, em termos que irão gerar atritos e inquietação em suas vidas, deveríamos apegar-nos a uma percepção mais pura em seu favor e, quando falarmos delas, trazer à tona as suas qualidades.

8 de junho

No intuito de desenvolvermos nossa compaixão, de "cultivarmos" nossa capacidade de compaixão e de amor que é inerente a cada um de nós, é crucial que enfrentemos as forças que a isso se opõem.

É nesse contexto que a prática da paciência ou da tolerância se torna muito importante, porque é graças a isso que se podem vencer os obstáculos à compaixão.

9 de junho

Se você tem o desejo natural e instintivo de ser feliz e de superar o sofrimento, o mesmo acontece com todos os seres sensíveis. E, como todos os demais seres humanos, você tem o direito de satisfazer a essa aspiração inata.

10 de junho

A compaixão realmente autêntica e o apego são contraditórios.

Segundo a prática budista, para se desenvolver uma compaixão autêntica deve-se, em primeiro lugar, praticar a meditação de equalização e de serenidade, desapegando-se das pessoas que são mais próximas. A seguir, deve-se pôr termo aos sentimentos negativos dirigidos contra os inimigos. Todos os seres sensíveis deveriam ser considerados como iguais.

Sobre essa base é que você poderá desenvolver progressivamente uma compaixão autêntica para com cada um deles.

11 de junho

Se temos uma atitude mental positiva, então, mesmo assediados pela hostilidade, não nos faltará a paz interior.

Se, ao contrário, nossa atitude mental é mais negativa, influenciada por medo, desconfiança, impotência ou desagrado de nós mesmos, então, mesmo rodeados de nossos melhores amigos numa atmosfera agradável e num ambiente confortável, não nos sentiremos felizes.

Isso porque a atitude mental é muito importante: é ela que oferece uma verdadeira diferença para o nível e qualidade de nossa felicidade.

12 de junho

Antes que possamos gerar compaixão e amor, é importante termos uma compreensão clara do que consideramos serem a compaixão e o amor.

Mais simplesmente: a compaixão e o amor podem ser definidos como pensamentos positivos e sensações que facultam o surgimento de coisas essenciais na vida, como a esperança, a coragem, a determinação e a força interior.

13 de junho

Se existe amor, existe a esperança de que haja comunidades verdadeiras, fraternidade verdadeira, serenidade verdadeira, paz verdadeira.

Se, ao contrário, você perdeu o amor de seu espírito, se você continua a ver os outros seres como inimigos, então, seja qual for sua consciência ou sua educação, qualquer que possa ser o seu progresso material, de tudo isso só nascerá sofrimento e confusão.

14 de junho

A autodisciplina, conquanto difícil, deveria ser uma medida de defesa todas as vezes que se combatem emoções negativas. Seríamos pelo menos capazes de prevenir o aparecimento de comportamentos negativos gerados pelas emoções negativas.

É a isso que se dá o nome de *shila*, a ética moral. Familiarizando-nos com ela, em plena atenção e consciência, esse modelo se torna finalmente uma parte de nossa própria vida.

15 de junho

Devemos ter a convicção de que o caminho que trilhamos leva à verdade última e aprender a conciliar a seguinte contradição: o caminho que eu sigo é a verdade última para mim, e o caminho que meu vizinho segue o conduz, igualmente, à sua verdade.

16 de junho

Quer se creia, quer não em uma religião, quer se creia, quer não na reencarnação, não há ninguém que deixe de apreciar a cordialidade e a compaixão.

17 de junho

Todos temos necessidade uns dos outros. Cabe-nos, consequentemente, adquirir um senso universal de nossa responsabilidade.

É responsabilidade nossa, tanto coletiva quanto individual, proteger e alimentar a família planetária, dar apoio a seus membros mais frágeis, proteger o meio ambiente em que todos nós vivemos e zelar por ele.

18 de junho

Não podemos aprender a verdadeira paciência e a tolerância com um guru ou com um amigo. Elas não podem ser praticadas a não ser que entremos em contato com alguém que provoque experiências desagradáveis.

Segundo Shantideva, os inimigos são na verdade um bem para nós, porque muito podemos aprender com eles e, assim, construir nossa força interior.

19 de junho

Se nossa vida é simples, deve sobrevir o contentamento. A simplicidade é extremamente importante para a felicidade.

É vital ter poucos desejos, satisfazer-se com o que se tem: simplesmente alimento que baste, roupas e um abrigo para proteger das intempéries.

E, finalmente, você irá encontrar uma alegria intensa em abandonar os estados de espírito negativos e buscar outros mais agradáveis por meio da meditação.

20 de junho

É essencial que se estude e que se adquira uma educação. Formar o espírito é um processo de familiarização.

Para o budismo, a familiarização – ou meditação – está relacionada com a transformação positiva do espírito, que consiste na eliminação dos próprios defeitos e na melhora das próprias qualidades positivas.

Pela meditação podemos conduzir nosso espírito de maneira tal que as tendências negativas sejam abandonadas e as qualidades positivas geradas e reforçadas.

21 de junho

A finalidade de todas as grandes religiões não é manifestar-se exteriormente construindo grandes templos, mas criar templos de bondade e de compaixão no interior, em nosso coração.

22 de junho

Fisicamente você é um ser humano, mas mentalmente você é incompleto. E, já que temos essa forma física humana, cabe-nos preservar nossa aptidão mental para o julgamento. Para tanto, nossa única segurança é interior: ela associa a autodisciplina, a consciência de si mesmo e uma nítida compreensão dos inconvenientes da cólera, bem como os efeitos positivos da cordialidade.

23 de junho

A morte faz parte de toda a nossa vida. Aceitando-a ou não, irá acontecer. Ao invés de evitar pensar nela, é preferível tentar entender o seu significado.

Temos o mesmo corpo, a mesma carne humana e, consequentemente, todos iremos morrer. Há uma grande diferença, entendamos, entre morte natural e morte acidental, mas, fundamentalmente, a morte virá, cedo ou tarde.

Se desde o começo a sua postura o leva a pensar: "Sim, a morte faz parte de nossa vida", então será mais fácil encará-la.

24 de junho

Quando se buscam objetos para análise, estes não são encontrados, o que não quer dizer que não existam, mas simplesmente que não têm uma existência inerente, absoluta, intrínseca.

Se você medita regularmente nisso, algum dia receberá a confirmação.

25 de junho

Se um ser humano se comunica com sinceridade, será apreciado por seu interlocutor. Se o engana, este vai reagir, seja ele crente ou não, rico ou pobre, instruído ou ignorante.

Consequentemente, a compaixão e a honestidade existem porque não queremos enganar as pessoas e porque todos nós temos o direito de ser felizes.

26 de junho

Tente tornar-se bom com um ânimo ardente, sem se preocupar em saber se você é um político, um religioso, um homem de negócios ou seja lá o que for.

O comportamento individual de cada um pode contribuir para tornar uma família ou uma comunidade mais feliz.

27 de junho

Quando você dá início a um espírito de renúncia aos apegos e aos prazeres desta vida, você irá naturalmente pensar nos prazeres futuros e gerar um apego com relação à próxima vida.

28 de junho

Para desenvolver a confiança em si, é útil meditar sobre a precocidade do renascimento humano.

Com a ajuda do corpo humano e da inteligência humana podemos tudo realizar, se pusermos empenho nisso.

29 de junho

Numerosas pessoas, principalmente no Ocidente, têm pouco amor-próprio. Isso é muito perigoso e verdadeiramente insensato.

Temos um corpo, um cérebro e a sabedoria. Se enveredarmos pelos caminhos da meditação e do altruísmo, poderemos desenvolver nosso espírito.

Com o tempo e algum esforço, isso pode mudar. Mantendo uma consciência constante da positividade e da negatividade, as coisas evoluem.

A confiança em si, seja quanto a práticas religiosas, seja quanto à vida social, é um elemento muito importante.

30 de junho

Conscientizar-se da impermanência é essencial, porque você se dá conta de que ela é gerada simplesmente através de suas próprias causas.

Em consequência, a desintegração ou a natureza impermanente dos fenômenos não depende da necessidade de conexão com causas e condições novas.

Por sua natureza intrínseca, gerada por suas próprias causas e condições, tais fenômenos estão naturalmente sujeitos à desintegração e à mudança.

1º de julho

Não tenho a mínima ideia quanto a resolver as crises mundiais, então é melhor falar de coisas práticas. Hoje em dia, em muitas das catástrofes naturais estão envolvidos diferentes problemas artificialmente criados pelo homem, resultantes de negligências de longa data. Tais acontecimentos não ocorreram repentinamente. Todos eles têm suas causas e condições.

Uma dada causa e uma condição geram outra causa, outra condição, e assim por diante, até que as coisas se apresentem, ao final, fora de controle. A maior parte de tais acontecimentos resulta de emoções humanas fora de controle. Quando tais calamidades sobrevêm, é difícil ter uma exata noção delas.

A emoção humana deve, pois, ser combinada com a devida inteligência.

2 de julho

A partir do momento em que espírito e consciência estejam completamente desenvolvidos e despertos, livres de obstáculos, o espírito de buda foi atingido: a isso é que chamamos Esclarecimento. É também uma qualidade mental.

O sujeito transformado é o espírito, bem como o transformador e o estado transformado que disso resulta.

Certas pessoas descrevem o budismo como uma ciência do espírito. Essa explicação parece apropriada.

3 de julho

Nossos verdadeiros inimigos são as emoções humanas, como a raiva, a inveja e o orgulho: são os verdadeiros destruidores de nosso futuro e de nossa felicidade.

É muito difícil combatê-las sem tomar as medidas defensivas convenientes.

A autodisciplina, nem sempre fácil de se alcançar quando se estão combatendo as emoções negativas, deveria ser umas dessas medidas defensivas.

4 de julho

Habitualmente, segundo os ensinamentos budistas, você não tem que enfrentar consequências de uma ação que você não praticou; ao contrário, uma vez cometida uma, o resultado jamais será desfeito e, cedo ou tarde, você sentirá seus efeitos.

5 de julho

Por que teríamos vindo ao mundo?
Natureza é natureza. Não existe resposta.

6 de julho

Sobrevivemos no aguardo e na esperança da felicidade.

Nenhum de nós quer sofrer. A finalidade de nossa vida é alcançar a felicidade.

Podemos alcançá-la no campo do físico e do mental, da mesma forma como podemos aliviar ou diminuir o nível do sofrimento.

7 de julho

Muito embora centrado em sua própria felicidade pessoal e em seu próprio bem-estar, uma vez que você esteja de fato disposto a compreender como sua vida pessoal é dependente de tudo aquilo que o rodeia, você se tornará capaz de ampliar sua perspectiva e sua compreensão da realidade.

Essa perspectiva ampliada lhe permitirá dar origem a uma vida mais harmoniosa, tanto para você quanto para os outros.

8 de julho

Desenvolvendo nossa motivação e nossa atitude compassiva para com os outros, criamos atitudes positivas e um modo de pensar que nos ajudam a encontrar e a preservar uma posição sólida, requerida em todas as circunstâncias.

9 de julho

Por que deveríamos preservar-nos de prejudicar os outros? Por causa de nossa "interdependência".

Nosso futuro depende dos demais.

10 de julho

A compaixão é o método; a sabedoria, o caminho filosófico de compreensão da realidade.

A combinação de sabedoria e motivação é o meio mais adequado para transformar sua atitude mental, principalmente no caso de certas emoções como a cólera ou o apego, que decorrem de humores passados.

Se você buscar as causas e desenvolver as contramedidas positivas, tais emoções negativas começarão a se dissipar.

11 de julho

A percepção da interdependência favorece uma grande abertura de espírito.

Em geral, em lugar de nos darmos conta de que aquilo por que passamos resulta de um encadeamento complexo de causas, acabamos por atribuir a felicidade ou a tristeza, por exemplo, a causas individuais.

Mas, se fosse esse o caso, desde que nos mantivéssemos em contato com aquilo que consideramos bom, estaríamos automaticamente felizes e, inversamente, no caso de coisas más, invariavelmente tristes.

12 de julho

Avaliamos se uma ação é positiva ou negativa não em função de seu próprio conteúdo, mas de acordo com a alegria ou com o sofrimento que nos provoca.

Tudo, então, depende da motivação, e a Escritura diz: "Sujeita o teu espírito".

Um espírito que não é disciplinado irá sofrer, ao passo que um espírito controlado estará em paz.

13 de julho

Quando o espírito desenvolve qualidades espirituais e chega a se desvencilhar de tudo o que o entrava, ganha a capacidade de ver claramente a realidade dos fenômenos, até o ponto de perceber a natureza última sem qualquer obstrução.

Essa percepção dos fenômenos tais quais realmente são, é a sabedoria que tudo conhece, sem qualquer risco de uma falsa ideia. É um estado de sabedoria que não pode ser ocultado nem deteriorado.

14 de julho

A natureza do espírito, clara e consciente, é livre de qualquer defeito; ele não pode ser afetado por obscurantismos.

Nenhum fenômeno, quer seja mental, quer externo, pode afetá-lo. Nada lhe pode modificar essa qualidade natural, que é o caráter inato do espírito.

A crença na realidade das coisas está apoiada numa percepção incorreta e se mostra completamente oposta à natureza do espírito.

15 de julho

A ignorância, isto é, a crença segundo a qual as coisas são verdadeiras, é extremamente poderosa. Mas deveríamos lembrar-nos de que é um erro; é um mal-entendido ao qual nos apegamos, mas que, na realidade, não tem nenhum fundamento.

Seu contrário, o entendimento segundo o qual os fenômenos não têm realidade alguma, se fundamenta numa verdadeira lógica que resiste a todos os argumentos.

Se nos deixarmos familiarizar com esse entendimento, ele poderá ser indefinidamente desenvolvido, dado que é ao mesmo tempo a verdade e uma qualidade natural do espírito.

16 de julho

Quando o espírito está completamente liberto das emoções e das tendências negativas, passa a compreender e a conhecer todos os fenômenos.

Com a prática dos exercícios e com a utilização de bons métodos, podemos tornar concreto nosso potencial de atingir essa onisciência.

Somos incapazes de conhecer todas as coisas somente porque existem véus obscuros entre o espírito e seus objetos. Uma vez dissipados tais véus, não temos necessidade de qualquer outro poder. Ver e estar consciente é a própria natureza do espírito.

17 de julho

Desde que o espírito existe, ele possui a capacidade de saber. Mas tal aptidão não se revela enquanto não forem eliminados os obscurantismos.

Isso é o que significa o fato de alcançar a Iluminação. Se pensarmos nisso durante a leitura destes textos, o desejo de chegar lá crescerá em nós.

18 de julho

Se queremos atingir a Iluminação, mesmo que por nossa própria conta, é preciso sabermos o que ganhamos quando somos iluminados e o que perdemos quando não o somos.

19 de julho

Para atingir a onisciência última e ser capaz de fazer com que isso beneficie a todos os seres, é necessário ter uma vida humana, porque ela é o suporte supremo para alcançar a Iluminação.

A fim de alcançá-la, e para que ela seja um renascimento feliz, é preciso evitar as ações não virtuosas que conduzem a um nascimento em reinos inferiores do *samsara*.

20 de julho

Tendo abandonado as ações negativas, devemos renunciar às suas causas, que são as emoções negativas.

O único antídoto contra estas é a sabedoria, que conhece a "não realidade" das coisas. Segundo Nagarjuna e seus descendentes espirituais, a raiz das emoções negativas é a ignorância que conduz a acreditar que os fenômenos são reais.

21 de julho

Para alcançarmos o esclarecimento, devemos expor à luz não apenas as emoções negativas e suas causas, mas também os hábitos que obscurecem a onisciência.

Quando conseguimos aniquilar esses véus obscuros, atingimos a onisciência. A trilha que leva a isso é a sabedoria, que percebe que as coisas não têm qualquer realidade.

22 de julho

Se desejamos ajudar os seres, devemos ser capazes de livrá-los do sofrimento e de dissipar sua ignorância.

Isso significa que devemos nós mesmos ter um relacionamento verdadeiro, e isso não se pode conseguir a não ser pelo esforço, pelo desenvolvimento de uma clara perspicácia e da calma mental.

23 de julho

Para ajudar os outros não basta querer.

De fato, os pensamentos altruístas podem tornar-se uma obsessão e aumentar nossa inquietude.

Quando esses pensamentos, bons e positivos, se encontram combinados com a sabedoria, sabemos como ajudar eficazmente os outros e podemos fazê-lo concretamente.

24 de julho

Queremos todos ser felizes e não sofrer – ninguém precisa contar-nos isso. Mas não sabemos o que deveríamos fazer ou evitar para obter aquilo que nos torna felizes.

Ao mesmo tempo, dado que nossas emoções negativas são muito fortes, envolvemo-nos com ações más, até mesmo podendo entrever o que há nelas de falso.

Portanto, as emoções é que são as verdadeiras inimigas e o empecilho para que cada um de nós seja bom.

25 de julho

Aqueles que normalmente consideramos como nossos inimigos, não podem sê-lo por mais do que uma vida.

Mas as emoções negativas nos afetaram desde um tempo que não tem início. São elas, na verdade, o pior dos inimigos.

26 de julho

Todos os seres humanos têm desejos extraordinários!

Há momentos em que você se rejubila com as coisas, outros em que elas o entristecem. Os altos e baixos fazem parte do destino de cada um.

O mais importante nesta existência é fazer alguma coisa que possa ser um benefício para os demais. É preciso verdadeiramente ter uma atitude altruísta: isso é que dá sentido à vida.

27 de julho

Se compreendermos que todos os fenômenos, externos e internos, são sonhos ou ilusões, teremos então revelado o ponto fraco de nossas emoções negativas.

Portanto, para alcançarmos sucesso, não temos necessidade de um arsenal de métodos. Basta-nos reconhecer sua natureza e dar-nos conta de que elas não representam qualquer base real.

28 de julho

Quando nos questionamos com cuidado, não conseguimos encontrar senão "emoções negativas". Na realidade, não há nada.

Quando nos olhamos mais de perto, damo-nos conta de que é através do surgimento simultâneo das causas e das condições que tais emoções adquirem tanto poder – elas de fato nada têm que lhes seja próprio. Não se trata senão de um conjunto de fatores que identificamos e etiquetamos.

Na realidade, as emoções são inteiramente dependentes de outras coisas. O mal que elas nos fazem resulta da ilusão.

Se chegarmos a entender isso, as emoções negativas não nos podem mais ferir.

29 de julho

Deveríamos dar a máxima atenção a tudo aquilo que fazemos e, a cada instante, deveríamos manter-nos conscientes de nosso comportamento físico, seja na realização de atos benéficos, seja no fato de evitar aqueles que não o são.

Nesse caminho, o espírito, tal qual um elefante bêbado, exasperado pelos três venenos, deverá ser amarrado ao pilar das ações positivas com a corda da atenção e ser alimentado de longe com a vara da precaução.

30 de julho

Tentemos evitar todas as ações negativas, tanto aquelas que o são por natureza quanto aquelas que são condenadas pelo Buda por serem relacionadas aos votos que assumimos.

Ao mesmo tempo, mantenhamos no espírito a intenção de agir em benefício dos outros.

31 de julho

A vida humana é única e se revela como uma oportunidade favorável difícil de se conseguir. Se não a utilizarmos em benefício dos outros, quando é que voltaríamos a ter a mesma chance?

Valorizemos, pois, essa oportunidade e cultivemos a alegria, apreciando antes os outros que a nós mesmos. Nossa determinação nesse sentido deveria ser mais inabalável do que uma montanha.

1º de agosto

A alegria que podemos experimentar a respeito das ações positivas dos outros é inestimável.

Nada temos a perder com isso na presente vida, e ela é causa de grande felicidade nas vidas futuras.

2 de agosto

Qual é o melhor meio de acumular as ações positivas?

Acima de tudo, é preciso que tenhamos um espírito positivo que seja forte e constante. A seguir, devemos sistemática e logicamente aplicar o antídoto contra o desejo, contra o ódio e contra a ignorância.

3 de agosto

A cólera é a maior das forças destrutivas.

Um instante de cólera destrói todas as ações positivas acumuladas ao longo de milhares de *kalpas** na prática da generosidade, nas oferendas aos budas, no respeito à disciplina.

* *Kalpas*: eras císmicas. (N. R.)

4 de agosto

Devemos esforçar-nos por manter um estado de espírito tranquilo.

Porque, a menos que nos distanciemos de qualquer sentimento de perturbação, ele irá incitar nosso ódio, fazê-lo crescer sem parar, até que finalmente nos destrua.

5 de agosto

A cólera é pior que qualquer inimigo comum.

Por certo, os inimigos comuns fazem-nos muito mal: é por isso que os chamamos de "inimigos". Mas o mal que nos fazem é cometido para que sejam ajudados, eles ou seus amigos, e não gratuitamente.

Por outro lado, o inimigo interior, a cólera, não tem outra função senão destruir nossas ações positivas e fazer-nos sofrer.

Eis por que devemos enfrentá-la com todos os meios de que dispomos. Mantenhamos um estado de espírito pacífico e não nos deixemos afundar nem perturbar.

6 de agosto

Tentemos jamais deixar que nossa serenidade de espírito seja perturbada. Quer estejamos sofrendo agora, quer tenhamos sofrido no passado, não há qualquer razão para a aflição. Se podemos remediar isso, por que sentir-nos infelizes? Isso só serviria para acrescentar mais tristeza, sem produzir qualquer bem.

7 de agosto

Em geral, devemos fazer muitos esforços para chegar à felicidade, ao passo que o sofrimento vem naturalmente. O simples fato de ter um corpo implica inevitavelmente sofrer. Os sofrimentos são inúmeros, e suas causas, diversas.

Uma pessoa sábia pode alcançar a felicidade transformando as fontes da tristeza em condições favoráveis. Podemos assim utilizar a dor como meio de progredir.

8 de agosto

Se formos muito pacientes, aquilo que habitualmente consideramos como muito doloroso não nos parecerá tão mau. Mas, se não opusermos qualquer resistência, a menor das coisas se tornará insuportável. Tudo depende de nossa atitude.

Da mesma forma, se pudermos desenvolver uma resistência paciente, seremos capazes de fazer face às maiores dificuldades quando elas se erguerem diante de nós.

9 de agosto

Nosso sofrimento tem também um lado positivo.

De início, nossa "suficiência" é minimizada; aprendemos a considerar o sofrimento dos outros e a nossa compaixão se desenvolve.

Em seguida, tornamo-nos mais prudentes a fim de não acumularmos causas de tormento.

10 de agosto

Quando os outros nos ferem, deveríamos verificar se é parte da sua natureza fazer-nos o mal ou se simplesmente se trata de um ato ocasional.

Se é parte da sua natureza, então não temos razão nenhuma para lhes querer mal.

Se é simplesmente ocasional, não é porque sua natureza seja má: fazem-nos o mal unicamente por impulso de influências momentâneas e, nesse caso também, não há motivo para nos encolerizarmos.

11 de agosto

Se alguém se utiliza de uma arma para nos ferir, a verdadeira culpada é a arma. O que nos fere indiretamente é a cólera da pessoa.

Então, se temos que nos irritar, deve ser contra a arma ou contra a cólera que está por trás da utilização da arma. Retire-se da pessoa a arma e a cólera, e nada sobrará contra o que nos mostrarmos contrariados.

12 de agosto

Quando as pessoas que não amamos são elogiadas e abertamente apreciadas, nós nos tornamos logicamente invejosos. É um erro.

Quando se dizem aos outros coisas agradáveis, deveríamos tentar participar, para também nós ali depositarmos um pouco de felicidade.

Se pudermos sentir um pouquinho que seja de satisfação quando aqueles que detestamos são adulados, a felicidade que nisso encontramos é realmente positiva e aprovada pelos budas.

13 de agosto

A maioria das pessoas nada quer ouvir a respeito da morte.

Mas, se tivermos formado nosso espírito, se podemos encarar a morte com confiança e de modo inteiramente positivo, então nada temos a temer.

Entrementes, a qualquer momento de nossa vida, tais qualidades nos ajudarão a realizar grandes coisas.

Então, enquanto podemos ainda aproveitar-nos desta preciosa vida humana, que nos possibilita realizar tantas coisas, não nos vamos deixar abater pela preguiça de sentimentos pouco dados a ações positivas.

14 de agosto

Quando misturamos duas substâncias químicas, ocorre uma reação e se produz uma nova substância.

Da mesma forma, se uma pessoa muito irritadiça exercita sua cordialidade por um longo período, seu caráter vai aos poucos evoluir. Com certeza não poderá se desvencilhar inteiramente de sua tendência a se encolerizar, mas será menos impelida a fazê-lo.

Essa transformação de caráter é possível graças à interdependência entre dois tipos de consciência, uma agressiva e outra afetuosa.

15 de agosto

Antes de fazermos o que quer que seja, deveríamos perguntar-nos sempre se estaremos à altura de realizá-lo corretamente e de levá-lo a termo.

Se a resposta for não, seria preferível nada começarmos. Deixar tarefas incompletas pode tornar-se um hábito.

Então, uma vez que tenhamos iniciado qualquer coisa, devemos nos assegurar de não voltar atrás em nossa decisão.

16 de agosto

A autoconfiança não deve ser confundida com o orgulho.

O orgulho consiste em ter de si mesmo uma opinião elevada sem uma boa razão para isso.

A confiança em si é o reconhecimento do fato de que se tem a capacidade de realizar alguma coisa corretamente e de se estar determinado a não abandoná-la.

17 de agosto

A prática espiritual é, de início, difícil.

Você se pergunta como, nesta terra, poderá chegar a ela. Mas, à medida que você vai se habituando, ela se torna progressivamente mais fácil.

Não seja muito teimoso e não se envolva tão arduamente. Se você se exercitar rigorosamente de acordo com a sua capacidade individual, irá aos poucos encontrando nisso mais prazer e alegria.

Quando você tiver ganho força interior, suas ações positivas avançarão em profundidade e em qualidade.

18 de agosto

Já que somos impermanentes, de que vale apegar-nos aos outros, que também o são?

Vale verdadeiramente a pena deixar-nos irritar por eles?

Gastemos algum tempo refletindo nisso e interrompamos a corrente, seja da adesão, seja da aversão.

19 de agosto

Não nos apeguemos a prazeres efêmeros.

Somente as pessoas ignorantes e atrapalhadas passam seu tempo acumulando posses. Acabam por sofrer mil vezes enquanto buscam a felicidade.

20 de agosto

Em locais retirados consegue-se meditar com uma concentração aguçada, livre das inquietações pessoais e de quaisquer apegos.

É então que os pensamentos do Buda e os seus ensinamentos vêm naturalmente ao espírito.

21 de agosto

Quem tem bons pensamentos muito faz para ajudar os outros e deixa atrás de si uma esteira de boas recordações. É respeitado por todos, sem que ninguém se preocupe em saber se é ou não religioso.

No extremo oposto, a ignorância, a arrogância e a obstinação de certos indivíduos, por boas ou más que tenham sido suas intenções, serviram de origem a todas as tragédias da história.

22 de agosto

Quando buscamos proteger nosso corpo, protegemos também certos membros, como as mãos e os pés.

Do mesmo modo, dado que a felicidade e o sofrimento dos outros são os mesmos que os nossos, devemos afastá-los da infelicidade como o faríamos por nós mesmos.

23 de agosto

Quando você se decide a represar sua cólera ou sua raiva, não basta fazer um voto piedoso. Ainda que isso possa ajudar, esse simples desejo não irá levá-lo muito longe.

Você deve realizar um esforço organizado para seguir uma disciplina assumida em plena consciência. Deve aplicá-la a cada momento de sua vida, a fim de reduzir a força de sua cólera e reforçar o seu contrário, o altruísmo.

Esse é o caminho para disciplinar o espírito.

24 de agosto

A agitação sobrevém quando nosso espírito está perturbado e nós nos encontramos superexcitados.

O antídoto para remediar isso consiste em encontrar um meio de conduzir essa excitação a um nível mais sóbrio.

Para tanto você deve ter na mente pensamentos e ideias que, em geral, têm efeito tranquilizador, como a morte e a natureza transitória da vida, ou então o aspecto fundamentalmente insatisfatório da existência humana.

25 de agosto

Tudo o que gera desastre ou nos fere, deveria ser chamado "inimigo". Então, o inimigo último, na verdade, está em nós mesmos. E isso é o que torna as coisas tão difíceis.

Se nosso inimigo se encontra no exterior, podemos tentar fugir dele ou esconder-nos. Podemos até mesmo, algumas vezes, enganá-lo. Mas, se o inimigo está em nós, é muito difícil agir.

Eis por que a questão crítica para um praticante espiritual é saber se é ou não possível vencer esse inimigo invisível.

É também o principal desafio que se oferece a cada um de nós.

26 de agosto

O que é o mais importante?

De um ponto de vista simplesmente numérico, se queremos ser bons jogadores, temos que aceitar que o interesse dos outros seja mais importante do que o nosso.

Concretamente, sabemos que os problemas que afetam muitas pessoas são, em geral, valorizados com uma significação maior do que os que afetam menos.

27 de agosto

Mesmo que você seja pouco esclarecido, sua vida está de tal forma imbricada com as dos outros que você não consegue, realmente, impor-se exteriormente como indivíduo isolado.

Do mesmo modo, quando você segue uma trajetória espiritual, inúmeras realizações dependem da sua interação com os outros e, assim, também aí os outros são indispensáveis.

E, mesmo quando se consegue atingir o mais alto estado de Iluminação, as atividades "iluminadas" são em benefício dos outros.

Com efeito, as atividades do Despertar e do Esclarecimento se produzem espontaneamente em virtude do fato de que os outros existem, embora passem a ser indispensáveis.

28 de agosto

Podemos questionar-nos: "Que vantagem, enquanto indivíduo, decorre de meu egocentrismo e da crença em minha existência?".

Se refletirmos nisso com profundidade, nós nos daremos conta de que a resposta é: "Não é lá grande coisa!".

29 de agosto

A felicidade e a dor mudam a cada momento.

Ademais, se nos valemos dessa lógica, não haveria grandes razões para buscarmos a felicidade e necessidade alguma de dispendermos esforços para aliviar o sofrimento!

Se mudam constantemente, podemos então simplesmente ir tirar uma soneca e ficar esperando.

Não penso que seja essa a melhor das soluções. Deveríamos, ao contrário, buscar ativar deliberadamente a felicidade e, quaisquer que sejam as causas do sofrimento, tentar com toda a firmeza vencê-las.

30 de agosto

Se você está plenamente consciente do real alcance maléfico da cólera, tente sujeitar a sua a esse ponto de vista.

Mas isso depende igualmente do objeto da sua fúria. Se ela é dirigida contra uma pessoa, pense em algumas das suas qualidades. Você conseguirá assim reduzir a sua cólera.

Se, ao contrário, sua cólera resulta de uma experiência dolorosa, existem, então, justificativas concretas. Mas, mesmo nesse caso, se você refletir atentamente, não há interesse algum em se irritar.

31 de agosto

Dois dos principais elementos da trajetória budista, compaixão e renúncia, são considerados duas faces de um mesmo objeto.

A verdadeira renúncia ocorre quando alguém tem uma percepção autêntica da natureza do sofrimento concentrado em si.

A verdadeira compaixão emerge quando o ponto de enfoque se volta sobre os outros. Dessa forma, a diferença diz respeito somente ao objeto ao qual se dirige nossa atenção.

1º de setembro

A verdadeira felicidade não se origina de um carma. É a acumulação de boas ações que produzem "sementes" no espírito, as quais germinam e se transformam em realizações positivas.

O melhor meio de eliminar os erros consiste em dar nascimento ao espírito búdico, chamado *bodhicitta**.

---

* *Bodhicitta*: mente desperta. (N. R.)

2 de setembro

Seja qual for sua aparência exterior, ou aquilo que os outros pensam sobre você, a coisa mais importante é que você se mantenha testemunha de você mesmo para evitar pesares e remorsos.

E, de tempos em tempos, faça um exame interior de consciência!

3 de setembro

Comece por praticar pequenas coisas com sua capacidade atual, sem se engajar em práticas muito avançadas.

Elas se transformarão por si próprias, pouco a pouco. Gota após gota, o oceano se forma. Não olhe longe demais, mas comece a viagem agora.

4 de setembro

O abandono das faltas e o acesso à virtude são essencialmente realizados pelo espírito, o qual dispõe de uma extraordinária gama de possibilidades.

Enquanto você me escuta e olha para mim, vê simultaneamente diferentes coisas, diferentes fontes de conhecimento: sons, cores, formas etc.

Elas provêm de percepções sensoriais e se transformam em compreensão mental.

5 de setembro

A necessidade de nascer produzida pelo carma não chega ao fim a não ser com a eliminação total deste último. Não pode terminar por si, mas somente por nosso Despertar para além de qualquer ilusão. Então, o estado de felicidade permanente, que se origina no total abandono da ignorância, pode ser alcançado.

Em consequência, a cessação da ignorância equivale à libertação.

6 de setembro

É sempre bom sacrificar uma pequena coisa para com isso alcançar uma ainda maior. Consequentemente, nossa felicidade pode enriquecer a de todos os seres sensíveis.

Deveríamos considerar o direito de ser feliz como uma dívida pessoal para com todos os seres sensíveis.

7 de setembro

O desejo e a aversão são a raiz das ilusões. Todas as demais imperfeições derivam dela.

À primeira vista, o desejo se nos mostra mais pernicioso para nós e a aversão para os outros. Mas, se examinarmos mais atentamente essas duas atitudes, descobriremos que a aversão nos fere tanto quanto aos outros.

Essa sensação e suas causas podem ser vencidas pela paciência exercida com relação a tudo aquilo que nos provoca.

Mostrando que temos paciência, não deixamos qualquer oportunidade para que a irritação aconteça.

8 de setembro

Aquele que não crê na lei do carma, mas que leva sua vida praticando o bem, recolherá os seus frutos. Isso o ajudará na vida futura.

Mas aquele que passa sua vida fazendo orações como prova de suas crenças e de seu estudo do darma e exibindo ainda uma atitude egoísta e de falta de compaixão, terá esbanjado sua "preciosa vida humana".

9 de setembro

Orar não é o mais importante. Importante é praticar a caridade e o amor, mesmo para uma pessoa que não seja religiosa.

10 de setembro

A atitude que nos induz a levar em conta o bem-estar dos outros como mais importante do que a nossa própria felicidade é a única que tem valor.

Ela nos encoraja, pouco a pouco, a nos sacrificarmos cada vez mais pelos outros.

11 de setembro

Se as coisas não existem, por que então dedicar tempo buscando como seriam elas se tivessem existido, para, no final, chegar à certeza de sua não existência?

Cultivamos a cada dia uma louca crença no fato de que certa coisa é verdadeira, mas depois não é esse o caso; da mesma forma, sofremos porque pensamos que todos os fenômenos têm uma existência real, quando na realidade não a têm.

12 de setembro

A maneira ideal de melhorarmos o espírito consiste em tentarmos reconhecer a natureza de seus estados "desajustados" e observar quanto são perniciosos.

Igualmente, para reconhecermos os estados mentais "favoráveis", devemos familiarizar-nos com suas vantagens e com a estabilidade de seus fundamentos.

Através desse reconhecimento e pelo fato de serem qualidades do espírito, tais estados nobres se tornarão mais fortes e, ao mesmo tempo, o poder dos estados negativos diminuirá.

Nossa confiança no fato de provocar tal mudança positiva é chamada a fortificar nosso espírito.

13 de setembro

O objetivo mesmo de nossa vida é o de buscar a felicidade.

Se cremos ou não na religião, se nosso vizinho tem fé em uma religião mais do que em outra, estamos todos em busca de algo melhor na vida.

É, portanto, o próprio movimento de nossa existência que se orienta para a felicidade.

14 de setembro

Uma boa saúde é considerada como um dos fatores necessários para levar uma vida feliz.

Mas nossas condições materiais ou a riqueza que acumulamos também são. O mesmo acontece com a amizade. Admitimos todos que, para termos uma vida realizada, necessitamos de um círculo de amigos com quem trocar emoções e a nossa confiança.

Todos esses fatores são, na realidade, fontes de felicidade. Mas, para quem quer utilizá-los plenamente, a chave é o estado de espírito.

15 de setembro

A linha divisória entre um desejo – ou um ato – negativo e um positivo não está no fato de ele lhe oferecer imediatamente uma sensação de satisfação, mas, sim, no fato de ao final produzir resultados positivos ou negativos.

16 de setembro

A cobiça está ligada ao fato de que, embora o motivo subjacente seja a busca de uma satisfação, quer a ironia que, depois de ter conseguido o objeto de seus desejos, você nunca se sinta satisfeito.

O verdadeiro antídoto contra a cobiça é o contentamento.

Se você tem disso um senso desenvolvido, pouco importa que você consiga ou não o objeto. Nos dois casos você estará igualmente satisfeito.

17 de setembro

Chega-se à felicidade mais elevada quando se atinge o estado de libertação, esse estado no qual não há mais sofrimento nenhum. É a felicidade autêntica e durável.

A verdadeira felicidade está relacionada com o espírito e com o coração. Mas é instável; um dia aí está, no dia seguinte não.

18 de setembro

Não temos necessidade de mais dinheiro, não temos necessidade de mais sucesso ou celebridade, não temos necessidade de um corpo perfeito nem mesmo de um parceiro ideal.

Desde o presente, temos um espírito que representa para si próprio tudo aquilo de que temos necessidade para atingir a felicidade completa.

19 de setembro

Se no quadro de suas experiências cotidianas existem certos tipos de acontecimentos que você não deseja, você poderá verificar que, em geral, as causas e as condições que os originam não perduram.

Da mesma forma, se você deseja que determinada experiência ou uma circunstância particular venha a acontecer, a coisa mais lógica a fazer é buscar e acumular as causas e as condições que a originam.

20 de setembro

Com o tempo, você poderá realizar mudanças positivas.

Cada dia, desde o despertar, você pode desenvolver uma motivação positiva e sincera, pensando: "Vou utilizar este dia de modo ainda mais positivo. Não vou desperdiçá-lo". E depois, à noite, ao deitar-se, pense naquilo que você fez e pergunte-se: "Consegui aproveitar este dia como havia planejado?".

Se a resposta for sim, você deve se alegrar. Se não deu certo, lastime o que você fez e critique sua jornada.

Com o emprego de tais métodos, você irá progressivamente fortificar os aspectos positivos de seu espírito.

21 de setembro

Qualquer que seja a nossa atividade ou a prática à qual nos entreguemos, tudo pode se tornar mais fácil graças a uma constante familiarização e a um treinamento regular.

Pela prática, podemos nos modificar, podemos mudar.

Por meio do exercício repetido dos métodos budistas, podemos chegar a um ponto tal que, seja qual for a perturbação que ocorra, os efeitos negativos decorrentes permanecem no exterior, como ondas que podem se manifestar na superfície de um oceano, mas nenhum efeito têm nas profundezas.

22 de setembro

É importante reconhecermos que, se os conflitos são gerados pela má utilização da inteligência humana, podemos igualmente empregá-la para encontrar os meios de superá-los.

Quando a inteligência e a bondade são empregadas juntas, todas as ações se tornam construtivas.

Quando combinamos um coração caloroso com o conhecimento e a educação, podemos aprender a respeitar os pontos de vista e os direitos dos outros.

23 de setembro

Pouco importam a violência e as coisas más a que nos devemos sujeitar. A solução última para os nossos conflitos – tanto internos como externos – situa-se no retorno à nossa natureza humana inicial e subjacente, que é branda e compassiva.

24 de setembro

Enquanto dispomos deste corpo e, sobretudo, deste incrível cérebro humano, cada minuto é precioso.

Nossa existência cotidiana é vivificada pela esperança, mesmo não havendo qualquer certeza quanto ao fato de amanhã, à mesma hora, ainda estarmos aqui. Eis por que devemos fazer o melhor uso possível de nosso tempo.

25 de setembro

Quando você estimula a compaixão em seu espírito e esse pensamento se torna ativo, sua postura diante dos outros muda automaticamente.

Se você os aborda com compaixão, isso imediatamente lhes diminui o medo e cria uma atmosfera positiva e amigável.

Com tal atitude, você pode iniciar um relacionamento no qual você mesmo possa criar a oportunidade de receber afeto ou uma resposta positiva da parte dos outros.

26 de setembro

Se as pessoas sentem compaixão, isso é uma coisa com a qual podem contar.

Mesmo que tenham problemas materiais, resta-lhes algo para dividir com seus companheiros.

A economia mundial é sempre muito frágil, e nós nos vemos sujeitos a inúmeros reveses de fortuna, mas uma atitude compassiva é algo que sempre podemos levar conosco.

27 de setembro

Nossa tendência natural nos leva muitas vezes a atribuir aos outros ou a fatores externos a responsabilidade de nossos problemas.

Procuramos, ademais, com muita frequência, uma causa única e tentamos eximir-nos de qualquer responsabilidade.

Parece que todas as vezes em que emoções intensas estão envolvidas, surge uma disparidade entre o que as coisas parecem ser e o que elas são na realidade.

28 de setembro

Para um praticante espiritual, os inimigos têm um papel crucial.

No meu entender, a compaixão é a essência de uma vida espiritual. A fim de ser plenamente recompensado pela prática do amor e da compaixão, o treinamento da paciência e da tolerância é indispensável.

Não há coragem alguma que se assemelhe à da paciência, como também não há desconforto pior que o da raiva.

Em consequência, nossos esforços devem ser todos empenhados não para morrer de raiva contra nosso inimigo, mas para revigorar nossa prática da paciência e da tolerância.

29 de setembro

Nossa tendência para sermos atraídos pelos extremos é muitas vezes alimentada por um sentimento subjacente de descontentamento.

Bem entendido, podem existir outros fatores. É importante compreender que, se num primeiro momento isso pode parecer atraente ou excitante, na realidade é malfazejo. São inúmeros os exemplos que o demonstram.

Se você examinar essas situações, verá que as consequências de tais comportamentos, para você mesmo, não são, ao final, senão sofrimento.

30 de setembro

Qualquer que seja o comportamento que você adote para mudar, quaisquer que possam ser a ação ou o objetivo particular aos quais você dirige os seus esforços, você deve começar desenvolvendo uma forte vontade de conseguir isso.

Para tanto é preciso que você gere um grande entusiasmo. O "senso de urgência" é um fator-chave. É um elemento determinante e muito poderoso para auxiliá-lo a superar os problemas.

1º de outubro

É pela prática que você pode fazer evoluir seu desenvolvimento interior. Existe uma real possibilidade de mudança.

Devemos primeiramente modificar-nos a nós mesmos. De outro modo, nada se modificará. Esperar que os outros mudem em nosso lugar é totalmente irrealista.

O espírito humano está sempre em movimento. Se você dirige seus esforços para uma boa direção, no final as mudanças mentais irão aparecer. Você poderá então alcançar a paz e a felicidade, sem dor nem desgaste.

2 de outubro

O importante é que as pessoas façam um esforço sincero para desenvolver sua capacidade em matéria de compaixão.

O grau que elas poderão realmente alcançar depende de numerosos fatores. Se realmente fazem tudo o que lhes é possível para serem mais cordiais e tornarem o mundo um lugar "melhor", então, a cada tarde, poderão dizer: "Pelo menos fiz o melhor que pude...".

3 de outubro

Encontramos nos textos de Buda uma discussão sobre o caráter precioso da existência humana para desenvolver a confiança e o entusiasmo.

A questão ali são todas as mentiras potenciais que temos em nós, o sentido que tudo isso pode ter, proveitos e vantagens de ter forma humana etc.

Esses textos ali estão para inculcar em nós o senso de confiança e de coragem e para nos persuadir a nos comprometermos com a utilização de nosso corpo num sentido positivo.

4 de outubro

Por via de um esforço contínuo, poderemos superar todas as formas de condicionamento negativo e provocar mudanças positivas em nossa vida.

Mas é ainda necessário percebermos que a verdadeira mudança não ocorre no intervalo de uma noite.

5 de outubro

Você não deveria nunca perder de vista a importância de manter uma atitude realista quando avança em direção ao seu objetivo último.

Reconheça as dificuldades inerentes à sua trajetória. Admita o fato de que isso poderá tomar-lhe tempo e solicitar um esforço constante.

É essencial fazer em seu espírito uma distinção muito nítida entre seus ideais e os critérios a partir dos quais você avalia os seus progressos.

6 de outubro

Existem múltiplas e diferentes formas de emoções e de dores negativas, como a vaidade, a arrogância, a inveja, a ambição, a cobiça, a pusilanimidade etc.

Mas, entre todas, o ódio e a cólera são considerados os mais funestos, porque representam os maiores obstáculos ao desenvolvimento da compaixão e do altruísmo e porque destroem a virtude e a tranquilidade do espírito.

7 de outubro

Não podemos vencer a cólera e o ódio simplesmente suprimindo-os. Devemos cultivar empenhadamente seus antídotos: a paciência e a tolerância.

8 de outubro

O entusiasmo decorre do aprendizado e da compreensão dos efeitos benéficos da tolerância e da paciência, bem como dos efeitos destruidores e negativos da cólera e do ódio.

É essa compreensão que gera uma afinidade crescente com os sentimentos de tolerância e de paciência, e dá a você a prudência diante dos pensamentos agressivos e raivosos.

9 de outubro

Em nossa vida cotidiana, a tolerância e a paciência têm grandes vantagens. Desenvolvê-las permite-nos, por exemplo, alimentar e manter nossa presença de espírito.

Ademais, se um indivíduo possui tais qualidades, e mesmo que viva num ambiente tenso, frenético e estressante, sua calma e tranquilidade de espírito não serão abaladas.

10 de outubro

Devemos admitir que existe um sem-número de medos diferentes. Alguns, muito autênticos, fundam-se em razões válidas como, por exemplo, o medo da violência ou do derramamento de sangue. Trata-se de coisas muito ruins.

Além disso, há medos que resultam das consequências, a longo prazo, de nossas ações negativas, como o medo do sofrimento ou do ódio. Penso que essas são boas formas de apreensão. Ter medo dessa última forma leva-nos a uma boa direção, ajuda-nos a nos tornarmos mais ardorosos.

11 de outubro

Se uma situação ou um problema é de tal ordem que não há como remediar, nenhuma razão há para inquietar-se.

Em outras palavras, se existe uma solução ou um meio de esvaziar essa dificuldade, não é preciso deixar-se acabrunhar por isso.

É mais importante concentrar a própria energia na solução do que inquietar-se com o problema em si.

12 de outubro

Uma motivação sincera age como antídoto para reduzir o medo e a inquietude.

13 de outubro

O principal é ter uma motivação sincera para ajudar. Basta, então, simplesmente dar o melhor de si e despreocupar-se.

14 de outubro

Com uma motivação sincera, marcada pela compaixão, não há qualquer razão para remorsos, mesmo que você tenha falhado ou cometido um erro. No que lhe diz respeito, você fez o possível.

Se você fracassou, foi porque a situação estava além das suas capacidades.

Essa é a verdadeira motivação, que afasta o medo e lhe dá confiança em si mesmo.

15 de outubro

Quanto mais somos motivados pelo altruísmo, tanto menos o medo nos importuna quando nos encontramos diante de circunstâncias extremamente provocadoras.

16 de outubro

Os grandes praticantes espirituais são aqueles que levaram adiante a determinação de extirpar a totalidade de seus estados de espírito negativos no intuito de ajudar todos os seres sensíveis e de trazer até eles a felicidade última.

Eles gozam de um tipo de visão e de aspiração que requer uma formidável confiança em si mesmo.

Esta última é muito importante, porque confere uma intrepidez de espírito que ajuda a realizar grandes empreendimentos.

17 de outubro

Quando se trata de estabelecer a diferença entre a vaidade e uma sólida confiança em si, dever-se-ia pensar em termos de consequências que decorrem da nossa atitude.

A vaidade e a arrogância geram consequências negativas, ao passo que uma confiança sadia em si mesmo implica as mais positivas.

18 de outubro

Quanto mais você é honesto e aberto, menos você sentirá medo. Não há qualquer inquietude a temer quanto ao fato de expor-se ou revelar-se aos outros.

Quanto mais honesto você for, maior será a sua confiança em si mesmo.

19 de outubro

Ser honesto para consigo e para com os outros a respeito daquilo que se é ou não capaz de fazer, reduz a nada os sentimentos ligados à falta de confiança.

20 de outubro

Enquanto seres humanos, somos dotados desta maravilhosa inteligência que nos é própria.

Quando mantemos consciência plena de nossas capacidades e as trazemos à tona muitas vezes, até que se tornem parte integrante de nossa maneira de percebermos os outros e a nós mesmos, isso poderá nos ajudar a minimizar os sentimentos de desânimo, de impotência e de menosprezo por nós mesmos.

21 de outubro

Desde que, de longa data, estamos conscientes de que a inteligência humana constitui um dom maravilhoso, de que graças a ela temos a capacidade de desenvolver nosso espírito de determinação, de utilizá-lo de modo positivo, dispomos, em certo sentido, de uma saúde mental latente.

22 de outubro

A verdadeira espiritualidade é uma atitude mental que se pode praticar não importa quando.

23 de outubro

Todos os estados de espírito virtuosos – compaixão, tolerância, perdão, afeição etc. – são o autêntico darma, ou qualidades espirituais autênticas, porque elas não podem coexistir com sentimentos maus ou com estados de espírito negativos.

24 de outubro

Engajar-se na prática de um método para instaurar uma disciplina interior no espírito de alguém constitui a essência de uma vida religiosa. Tal disciplina interior tem por finalidade cultivar os estados mentais positivos.

Assim, levar vida espiritual decorre do fato de termos obtido sucesso na instauração desse estado de espírito disciplinado e já costumeiro nos mais cotidianos de nossos atos.

25 de outubro

Dar atenção a demasiadas coisas acaba sendo, ao fim, uma fonte de decepção e de fracasso no futuro.

No começo você tem uma forte necessidade de determinação, e pouco lhe importa se isso vai levar uma eternidade.

Quando chega o momento de agir de forma justa e a partir do momento em que cada dia de nossa vida se torna útil, o tempo não conta. Ele deixa de ter valor.

Caso se trate de uma experiência dolorosa, o tempo conta, sim, e bastante. Se é uma experiência agradável, não. Uma duração prolongada é até melhor.

26 de outubro

Ao invés de temer a morte, você deveria tentar compreendê-la. Isso exige muitos anos de preparo.

Quando, graças à meditação, você tem a experiência do espírito mais profundo e sutil e se apresentam as verdadeiras oportunidades, então você pode realmente controlar o processo da morte.

27 de outubro

Todos os seres humanos sobreviveram graças ao papel de sua mãe ou de uma pessoa que tenha desempenhado esse papel e a quem eles devotaram uma grande atenção e sentimentos de compaixão.

Sem atenção recíproca, sem compaixão e sem sentimento é impossível sobreviver.

28 de outubro

O meio mais eficaz de modificar o espírito do outro passa pela afeição, não pela cólera. É muito difícil viver sem dar provas de compaixão.

Sem cólera, não apenas é mais fácil sobreviver, mas a própria vida se torna mais feliz. Em consequência, o afeto é a força dominante de nossa vida.

29 de outubro

Todas as atividades e atitudes que se desenvolvem e se sustentam graças às emoções negativas são atos negativos.

Existem atitudes que são motivações ou ações virtuosas porque conduzem à *karuna** e ao cumprimento de um renascer mais alto e mais positivo.

---

* *Karuna*: ação compassiva, misericordiosa. (N. R.)

30 de outubro

A vida é um processo contínuo indefinidamente mutável. O tempo passa e nada permanece igual.

Assim, deveríamos ter uma nítida consciência de nossa maravilhosa inteligência e de nosso potencial único, que deveriam ser explorados ao máximo e da maneira mais construtiva para se utilizar corretamente o tempo, com vistas a ter uma vida bem resolvida e cheia de sentido.

Tudo bem se alguém não é crente e assim permanece, contanto, porém, que se mantenha afetuoso e não se utilize da inteligência para fins destrutivos.

31 de outubro

Refletir sobre si mesmo leva a uma sensação de impotência diante de si mesmo.

Pode-se ter a sensação de estar faltando algo mais. Isso automaticamente gera suspeita e, em consequência, cada vez mais ansiedade e agitação.

O mesmo espírito, acompanhado das mesmas inquietudes relativas à dor e ao sofrimento, está ligado tão só à própria dor e à própria felicidade. Isso cria um vazio que alimenta o medo e a insegurança.

Mas a mesma atitude, se leva em conta a dor e o sofrimento dos outros, traz força interior.

1º de novembro

Todo ser, instruído ou não, rico ou pobre, gozando de boa saúde ou apresentando deficiências, tem a capacidade de desenvolver as qualidades humanas básicas.

Desde o nascimento, temos todos os meios de valorizar algumas delas. Devemos, consequentemente, fazer de tudo para desenvolvê-las e buscar mantê-las com confiança.

2 de novembro

Se queremos ser bons, só a nós compete fazê-lo.

Sem esforço não se pode esperar que algo de bom aconteça. Nosso futuro depende inteiramente de nós.

3 de novembro

Todos desejamos a felicidade e não queremos sofrer.

A partir disso, tentamos compreender a natureza exata da verdade, interna e externa. Para tanto, existem diferentes filosofias e sistemas de ensinamentos. O budismo é um deles.

4 de novembro

O fundamento da filosofia budista repousa sobre duas verdades.

Se você encontra nesse ensinamento alguma coisa de útil, deveria aprofundá-lo e aplicá-lo à sua vida cotidiana.

Se nada de importante você nele encontra, então não se interesse por ele.

5 de novembro

Em certas circunstâncias alguma coisa pode ser boa, mas em outras a mesma coisa pode se tornar má. Nada existe de absoluto.

Devemos conduzir nossos julgamentos em função de circunstâncias particulares.

Geralmente assumimos que qualquer ação que nos traz felicidade é boa, e a que gera tristeza ou dor é má.

Isso é o mesmo que dizer que discernir entre o que é bom e o que é mau se funda sobre a experiência. Nosso espírito tem a última palavra.

6 de novembro

Ninguém pode ficar aborrecido durante muito tempo. Como existe uma consciência, até uma pessoa muito irritadiça não pode estar colérica o tempo todo.

Mesmo no caso de um vínculo particular e muito forte, a natureza intrínseca do espírito mostra que ele pode ser mudado.

Esse vínculo pode crescer ou decrescer em função de fatores externos ou internos. Existe, portanto, um meio de reduzi-los.

7 de novembro

Temos a possibilidade de eliminar todos os pensamentos negativos.

Com o tempo, a meditação se torna mais profunda e as emoções e pensamentos negativos podem ser finalmente eliminados.

A esse estado de espírito chamamos habitualmente de nirvana, *moksha* ou cessação.

8 de novembro

As pessoas têm a impressão de que a cessação ou o nirvana é o nada e de que todas as sensações, a consciência e as coisas se dissolvem no vazio, que nada sobra. Isso é falso.

Na realidade, o nirvana nada mais é do que o estado inteiramente purificado de nosso espírito. É a natureza última do espírito desembaraçado de todas as emoções aflitivas.

9 de novembro

Se você deseja alcançar a felicidade, deve dirigir toda a sua atenção à fonte última. Deve praticar o amor, a cordialidade e tentar conter e limitar a sua cólera.

São simples questões religiosas. Isso diz também respeito à nossa felicidade cotidiana.

10 de novembro

A prática do amor e da compaixão nada tem que ver com implicações religiosas ou com o que quer que seja de sagrado. É uma questão de sobrevivência.

A compaixão é o fator essencial.

11 de novembro

É bom ajudar aqueles que não praticam religião nenhuma a morrerem na paz e na calma.

A qualidade da atitude mental no momento da morte é extremamente importante. É ela que determina o carma que será solicitado no momento da passagem e, portanto, as condições da vida, do renascimento futuro.

12 de novembro

Devemos aprender a agir não somente por nós mesmos e pelos nossos, mas, igualmente, pelo bem da humanidade inteira.

A responsabilidade universal é o melhor dos fundamentos para construirmos nossa felicidade pessoal e a paz mundial.

13 de novembro

O diálogo é a única maneira razoável e inteligente de resolver as diferenças e conflitos de interesse, tanto entre os homens quanto entre as nações.

É imperativo promover uma cultura de diálogo e de não violência para o futuro da humanidade.

14 de novembro

A chave da criação de um mundo melhor e mais agradável está no desenvolvimento do amor e da compaixão.

Isso significa, naturalmente, que devemos desenvolvê-los junto a nossos irmãos e irmãs menos bem-intencionados do que nós.

15 de novembro

A responsabilidade universal é a chave da sobrevivência humana.

16 de novembro

A prática da compaixão não é uma utopia. É o caminho mais eficaz para agirmos no melhor dos interesses dos outros e de nós mesmos.

Quanto mais nos tornamos interdependentes, mais é de nosso próprio interesse garantir o bem-estar dos outros.

17 de novembro

O mais importante é não deixar que o espírito se perturbe.

18 de novembro

Perder o sentimento de si mesmo é provocar o desencorajamento, a dúvida e o ódio de si.

O que deve prevalecer é a diminuição do senso negativo de si mesmo.

19 de novembro

Inteligência e coração, eis a combinação e o caminho ideais para a realização pessoal, mesmo sem necessariamente ser crente.

Essa é, para mim, a religião universal.

20 de novembro

Devemos cultivar as qualidades de generosidade que podem ser destruídas não por um inimigo exterior, mas por aquele que está adormecido em nós.

21 de novembro

Minha ignorância, meus apegos, meu desejo, meus ódios! Eis, na verdade, os meus inimigos.

22 de novembro

Se não se fragmenta a realidade, se não há concentração dirigida a um objeto, se se compreende que há um sem-número de causas e de consequências que interagem, então estaremos sendo um ser menos sujeito aos altos e baixos da existência.

A calma interior permite controlar o corpo.

23 de novembro

"Quem pergunta se engana, quem responde se engana" (Buda).

24 de novembro

Cada uma das ações que projetamos e realizamos e o modo pelo qual decidimos pautar nossa vida – como decidimos vivê-la no quadro das limitações impostas pelas circunstâncias – podem ser percebidos como nossa resposta à grande questão diante da qual todos estamos: "Como posso ser feliz?".

25 de novembro

Em nossa grande busca de amor, somos mantidos pela esperança.

Sabemos, muito embora não o queiramos admitir, que não pode haver qualquer garantia de uma vida melhor e mais feliz do que aquela que levamos no dia de hoje.

26 de novembro

Tudo o que fazemos, não só enquanto indivíduo, mas também como ser social, pode ser visto como uma aspiração fundamental à felicidade.

Esta última, com efeito, é partilhada por todos os seres sensíveis. O desejo ou a tendência a ser feliz e a evitar o sofrimento não tem limites. É parte integrante de nossa natureza.

Como tal, não tem qualquer necessidade de justificação e se encontra validada pelo simples fato de que esse é, logicamente, o nosso desejo.

27 de novembro

Nas sociedades industriais urbanas, a doença se manifesta sob formas inerentes a esse ambiente. Muitas delas nasceram do estresse.

Há fortes razões para supor que exista uma ligação entre nossa vontade de progresso externo e a tristeza, a inquietude, a falta de contentamento da sociedade moderna.

28 de novembro

É fato que o conhecimento não pode, por si só, gerar a felicidade que emana do desenvolvimento interior. Isso, mesmo que não dependa de fatores externos.

Na verdade, a despeito de nosso conhecimento detalhado e específico dos fenômenos exteriores – o desejo ardente de nos limitarmos, de nos contentarmos com querer aumentá-lo incessantemente –, longe de nos trazer a felicidade pode, realmente, mostrar-se perigoso.

Isso pode nos conduzir a perder o contato com a realidade mais ampla da experiência humana e, em particular, a reforçar nossa dependência diante dos outros.

29 de novembro

Em nossos dias, muitos são os que creem que a ciência "refutou" a religião. Supõem, então, que a partir do momento em que não se mostra evidência nenhuma a respeito de uma autoridade espiritual, a moralidade em si deve ser uma questão de escolha pessoal.

Se no passado cientistas e filósofos sentiram uma necessidade premente de pôr em evidência os sólidos fundamentos sobre os quais estabelecer leis imutáveis e verdades absolutas, hoje tal tipo de pesquisa é considerado fútil.

Assistimos, em consequência, a uma completa reviravolta que conduz ao oposto, onde ao final nada existe, onde a realidade em si é novamente questionada. Isso não pode levar senão ao caos.

30 de novembro

Muito embora a ciência e a lei nos ajudem, tanto uma quanto a outra, a prever as consequências possíveis de nossos atos, elas não podem, no entanto, dizer-nos como agir num sentido moral.

Ademais, é preciso que reconheçamos os limites da pesquisa científica em si. A ciência não nos pode dizer qual é, na verdade, a causa da consciência, nem quais sejam seus efeitos.

A consciência pertence àquela categoria de fenômenos que não têm forma, substância nem cor. É impossível conduzir pesquisas por vias de meios exteriores. O simples fato de que a ciência não pode prová-la não significa, tampouco, que coisas assim não existam.

1º de dezembro

Sou tibetano antes de ser o Dalai-Lama, sou um ser humano antes de ser tibetano.

Como Dalai-Lama, tenho uma responsabilidade muito particular com relação aos tibetanos. Como monge, tenho igualmente a responsabilidade de fazer progredir a harmonia religiosa. Como ser humano, tenho uma responsabilidade ainda bem maior para com a família humana inteira. Na realidade, todos nós temos.

E, visto que a maioria não pratica qualquer religião, tenho que encontrar os meios de servir a toda a humanidade sem precisar apelar para a fé religiosa.

2 de dezembro

A espiritualidade que me interessa diz respeito às qualidades do espírito humano – amor, compaixão, paciência, tolerância, perdão, alegria, senso de responsabilidade, senso de harmonia – que nos trazem felicidade a nós mesmos e aos outros.

Quando o ritual e a oração, assim como questões do nirvana e da salvação, estão diretamente ligados à fé religiosa, essas qualidades espirituais não têm sequer necessidade de existir. Não há razão alguma para que o indivíduo não as possa desenvolver, mesmo em níveis elevados e sem ter acesso a qualquer sistema religioso ou metafísico.

Eis por que às vezes digo que é possível abrir mão da religião.

3 de dezembro

As características comuns das qualidades que descrevo como "espirituais" têm, como uma constante, certo grau de implicação com o bem-estar dos outros. Em língua tibetana falamos de *shen-pen kyi-sem*, que quer dizer "o pensamento para ajudar os outros".

E, quando pensamos nelas, vemos que cada uma das qualidades assim designadas se define por uma inquietude implícita pelo bem-estar dos outros.

4 de dezembro

Quem é compassivo, amoroso, paciente, tolerante, quem perdoa, reconhece o impacto potencial de suas ações sobre os outros e suscita neles uma conduta dentro do mesmo estado de espírito.

A prática espiritual que disso resulta implica, por um lado, agir sem se preocupar com o bem-estar dos outros e, por outro, a nos transformarmos até o ponto de estarmos dispostos a fazê-lo de boa vontade.

Falar de prática espiritual em termos diferentes desses não faz sentido.

5 de dezembro

Meu apelo à revolução espiritual não é um apelo à revolução religiosa, nem tampouco referência a uma forma de viver pouco realista e, ainda menos, a qualquer coisa de mágico ou misterioso.

Trata-se, antes, de um apelo a uma reorientação radical, distanciada das nossas preocupações habituais relativas ao nosso eu.

É um apelo para que nos voltemos a uma comunidade mais ampla de seres com os quais estamos relacionados e para instaurar uma conduta que reconheça os nossos interesses e os dos outros.

6 de dezembro

Que relação há entre espiritualidade e ética? Dado que o amor, a compaixão e outras qualidades semelhantes se referem, por definição, ao fato de se relacionarem com o bem-estar dos outros, supõem igualmente certa contenção ética.

Não podemos amar e sentir compaixão a menos que, ao mesmo tempo, controlemos nossos próprios impulsos e desejos negativos.

7 de dezembro

A crença religiosa não é uma garantia de integridade moral. Olhando para a história humana, vemos que entre os grandes provocadores – aqueles que distribuíram fartamente violência, brutalidade e destruição – muitos há que professaram uma fé religiosa, às vezes escancaradamente.

A religião pode ajudar-nos a estabelecer princípios éticos. Contudo, é possível falar de ética e de moralidade sem recorrer à religião.

8 de dezembro

Do meu ponto de vista, que não se estriba apenas na fé religiosa nem mesmo em uma ideia singular, mas antes no mais vulgar bom-senso, é possível estabelecerem-se conceitos éticos irrevogáveis, desde que tomemos como ponto de partida o fato de que todos desejamos a felicidade e todos ambicionamos evitar o sofrimento.

Não temos qualquer chance de fazer uma repartição das coisas entre bem e mal se não levarmos em consideração os sentimentos e o sofrimento dos outros.

9 de dezembro

Se bem que as consequências de nossos atos sejam importantes, outros fatores devem ser considerados: a intenção e a própria natureza do ato.

Todos nós temos na memória coisas que levamos a efeito e que provocaram a dor de outros, quando na verdade não era essa a nossa intenção.

Da mesma forma, não é difícil pensar em atos que, embora parecendo violentos e agressivos, tendo mesmo originado algumas feridas, puderam, no entanto, a longo prazo, contribuir com a felicidade dos outros.

10 de dezembro

O fato de que nossas ações possam parecer cordiais não significa que elas sejam positivas ou éticas, se nossas intenções são egoístas.

Ao contrário, se nossa intenção é, por exemplo, enganar, simular cordialidade, é, então, a mais infeliz das ações. Se bem que aqui não esteja implicada a força, tal ato é com toda a certeza violento. Ele provoca violência porque, em última instância, o resultado é nocivo ao outro, mas também porque fere a confiança e a expectativa de verdade por parte do outro.

11 de dezembro

O estado de coração e de espírito do indivíduo – sua motivação –, que no momento da ação é a chave que determina seu conteúdo ético, pode ser facilmente entendida se tivermos em consideração que nossas ações são afetadas quando somos presa de fortes emoções e de pensamentos negativos como a cólera e o ódio.

Nesses momentos, nosso espírito e nosso coração estão em ebulição, e não apenas porque isso nos conduz a perder de vista o possível impacto de nossas ações sobre os outros. Com efeito, podemos envolver-nos tanto em preocupações que acabamos por ignorar, às vezes, a presença dos outros e o seu direito à felicidade.

12 de dezembro

Quando a força motriz de nossas ações é sadia, estas contribuem logicamente para o bem-estar dos outros. Tornam-se, automaticamente, "éticas".

Quanto mais isso passa a constituir nosso estado habitual, menos reagimos negativamente quando provocados. E, mesmo quando perdemos a paciência, a menor "explosão" é despida de qualquer sentimento de ódio.

A finalidade da prática espiritual – e portanto ética – é, consequentemente, transformar e realizar o *kun long** do indivíduo. É assim que nos tornamos melhores.

---

* *Kun long*: de acordo com o darma tibetano, "motivação". (N. R.)

13 de dezembro

É fácil constatarmos que, quanto mais conseguimos transformar nosso coração e nosso espírito desenvolvendo nossas qualidades espirituais, mais nos tornamos capazes de enfrentar a adversidade e maior também é a probabilidade de vermos nossas ações se afirmarem como ações moralmente sadias.

14 de dezembro

A estreita relação entre o modo como percebemos o mundo no qual evoluímos e o nosso comportamento a respeito dele revela que nossa compreensão dos fenômenos é muito significativa.

Com efeito, se considerarmos a matéria, percebemos, ao final, que nos é impossível separar um fenômeno qualquer de seu contexto geral. Não podemos falar dela, na verdade, senão em termos de relações.

15 de dezembro

Ao longo de nossa vida nós nos envolvemos em inúmeras e diferentes atividades e recebemos, de tudo aquilo com que nos deparamos, uma multidão de sensações.

O problema de uma percepção distorcida, que na certa pode variar conforme os casos, provém habitualmente de nossa tendência de isolar os aspectos particulares de um acontecimento ou de uma experiência e de vê-los como se constituíssem a totalidade. Isso implica um estreitamento da perspectiva e gera falsas expectativas.

Mas, quando se tem em consideração a realidade em si mesma, compreende-se muito depressa sua infinita complexidade; damo-nos conta de quanto a percepção que temos dela é, tão frequentemente, inadequada.

16 de dezembro

Se tomamos a consciência como objeto de nossa pesquisa, vemos que ela é mais bem percebida e entendida em termos de criação dependente, embora sejamos levados a pensar nela como algo intrínseco e invariável.

Isso se deve ao fato de que, além das experiências perceptivas, cognitivas e emotivas do indivíduo, é difícil provar a existência de uma entidade independente chamada espírito ou consciência.

Desse ponto de vista, a consciência se parece mais com uma "construção" que emerge de um espectro de acontecimentos complexos.

17 de dezembro

Começamos a entender que o universo que temos como nosso pode ser considerado como um organismo vivo no qual cada uma das células trabalha em equilibrada cooperação com todas as outras, a fim de manter uma coerência de conjunto.

Se uma única dessas células falhar e a doença se instalar, esse equilíbrio é posto em questão. É a totalidade do sistema que está em risco.

Isso nos sugere que nosso bem-estar individual está intimamente ligado aos outros indivíduos e ao ambiente em que evoluímos.

18 de dezembro

Nada existe que possa identificar o "eu", bem como, se tentarmos encontrar a identidade última de um objeto sólido, esta nos escapa.

Devemos, enfim, concluir que essa coisa preciosa, na qual tantos cuidados empenhamos, definitivamente, não tem maior consistência do que um arco-íris em céu de verão.

19 de dezembro

Aceitar uma abordagem complexa da realidade, em que todas as coisas e acontecimentos sejam percebidos como estreitamente ligados uns aos outros, não significa que não possamos disso deduzir que os princípios éticos são irrevogáveis. Isso torna difícil até mesmo falar do absoluto dentro de um contexto religioso.

Ao contrário, o conceito de "origem independente" nos leva a considerar muito seriamente a realidade da relação de causalidade.

20 de dezembro

Empenhar muita esperança no desenvolvimento material é um erro. O problema não é o materialismo como tal. É, antes, o fato de supor que a plena satisfação possa provir da simples gratificação dos sentidos.

Diferentemente dos animais, cuja busca da felicidade se limita à sobrevivência e à satisfação imediata dos desejos sensoriais, nós outros, seres humanos, temos a capacidade de desfrutar da felicidade num nível mais profundo, o qual, quando plenamente realizado, nos fornece os meios para encararmos as experiências contrárias.

21 de dezembro

A mais autêntica e importante característica da felicidade é a paz. A paz interior.

Não entendo com isso uma espécie de sentimento de estar "fora de órbita". Nem me refiro a uma ausência de sentimento.

Ao contrário, a paz que descrevo tem raízes no fato de estar envolvida com os outros. Implica um alto grau de sensibilidade e nem mesmo tenho a pretensão de me sentir completamente realizado neste caminho.

Prefiro atribuir meu sentido de paz ao esforço realizado para desenvolver o interesse pelos outros.

22 de dezembro

É possível encontrar a paz interior? São muitas as respostas. Mas uma coisa é certa: nenhum fator externo pode gerá-la.

Da mesma forma, de nada valeria pedir a paz interior a um médico, a uma máquina, a um computador porque, por mais sofisticados e inteligentes que pudessem ser, não nos poderiam oferecer essa qualidade vital.

Do meu ponto de vista, desenvolver a paz interior, a partir da qual se possa usufruir uma felicidade carregada de sentido, é uma tarefa que se apoia sobre os mesmos fundamentos de qualquer outra tarefa na vida: devemos identificar suas causas e suas condições e, a seguir, entregar-nos sem demora ao seu cultivo.

23 de dezembro

A atração pelo concreto faz parte da natureza humana. Queremos ver, queremos tocar, queremos possuir.

Mas o essencial é reconhecermos que, quando desejamos as coisas sem qualquer outra razão além do prazer sensorial que elas nos facultam, elas tendem a, no final, acarretar-nos problemas.

Ademais, descobrimos que, tal qual a imagem de felicidade buscada através dessas necessidades, elas são, na verdade, transitórias.

24 de dezembro

Deve-se fazer uma grande distinção entre aquilo a que poderíamos chamar atos éticos e atos espirituais.

Os atos éticos nos levam a nos abstermos de causar o mal a outras pessoas na sua experiência ou expectativa de felicidade.

Os atos espirituais se relacionam com eles nas qualidades – amor, compaixão, paciência, perdão, humildade, tolerância –, que dizem respeito a um interesse de certo nível pelo bem-estar dos outros.

25 de dezembro

É surpreendente constatar que a maior parte de nossa felicidade provém de nossas relações com o próximo.

Igualmente notável que nossa maior alegria aconteça quando somos reconhecidos por ele.

Mas isso não é tudo. Descobrimos que as ações altruístas não provocam unicamente a felicidade: elas também minimizam nossa experiência de sofrimento.

26 de dezembro

Ser tido em conta pelos outros faz caírem barreiras que habitualmente são fontes de inibição nos relacionamentos com eles.

Quando nossas intenções são boas, todas as nossas sensações de timidez ou de insegurança se encontram minimizadas.

Na medida em que somos capazes de abrir essa porta interior, sentimos igualmente uma espécie de libertação diante da preocupação habitual com nosso "eu".

27 de dezembro

Quando sentimos interesse pelos outros, podemos comprovar que a paz que assim se cria em nosso coração irradia sobre todos aqueles com quem convivemos.

Levamos a paz a nossas famílias, a nossos amigos, a nossos colegas, à comunidade à qual pertencemos e, portanto, ao mundo.

Por que, então, deixaríamos de desenvolver essa qualidade?

28 de dezembro

Antes de cada um de nossos atos, existe um "acontecimento" mental e emotivo ao qual somos mais ou menos livres de responder, se bem que, a partir do momento em que aprendemos a disciplinar nosso espírito, começamos a sentir certa dificuldade em exercer tal liberdade.

A maneira como respondemos a esses acontecimentos e a essas experiências é o que determina, em geral, o conteúdo moral de nossas ações.

29 de dezembro

Se queremos ser autenticamente felizes, é indispensável a contenção interior. Mas não podemos chegar a ela por nós mesmos.

Embora consiga evitar que pratiquemos certas maldades, a simples contenção é insuficiente se buscamos a felicidade caracterizada pela paz interior.

Para nos transformarmos a nós mesmos – nossos hábitos e nossos humores – a fim de que nossas ações sejam compassivas, é preciso desenvolvermos aquilo a que chamamos uma "ética da virtude".

Ao mesmo tempo em que nos abstemos de pensamentos e de emoções negativas, devemos cultivar e reforçar nossas qualidades positivas.

30 de dezembro

Nem sempre é possível dedicar o tempo necessário a um prudente discernimento. É preciso que em certas ocasiões comecemos pela ação.

Eis por que nosso desenvolvimento espiritual exerce um papel de tanta importância, assegurando que nossas ações sejam verdadeiramente éticas.

Quanto mais espontâneos são nossos atos, tanto mais refletem nossos hábitos e nossos humores num dado momento.

Assim, creio ser útil manter um conjunto de preceitos éticos fundamentais para nos guiarmos em nossa vida.

31 de dezembro

Desenvolvendo uma atitude de responsabilidade para com os outros, podemos começar a criar aquele mundo ideal e mais compassivo com que todos nós sonhamos.

Bibliografia

Livros do Dalai-Lama

a) Em francês

L'Enseignement du Dalaï-Lama, col. "Spiritualités vivantes", Albin Michel, 1987.

Ainsi parle le Dalaï-Lama: entretiens avec Claude B. Levenson, LGF, 1994.

Passerelles: entretiens avec le Dalaï-Lama sur les sciences et l'esprit, Albin Michel, 1995.

Le Dalaï-Lama parle de Jésus: une perspective bouddhiste sur les enseignements de Jésus, Brepols & Francisco J. Varela, 1996.

Samsâra: la vie, la mort, la renaissance: le livre du Dalaï-Lama, Pré aux Clercs, 1996.

La Voie de la lumière, Presses du Châtelet, 1997.

Quand l'esprit dialogue avec le corps: entretiens avec le Dalaï-Lama sur la conscience, les emotions et la santé, Guy Trédaniel, 1997.

Questions à Sa Sainteté le Dalaï-Lama, La Table Ronde, 1997.

Du bonheur de vivre et mourir en paix, col. "Sagesses", Calmann-Lévy, 1998.

Dormir, rêver, mourir: explorer la conscience avec le Dalaï-Lama, Nil, 1998.

Le Dalaï-Lama parle de Jésus, Brépols, 1998.

Conseils spirituels pour bouddhistes et chrétiens, Presses du Châtelet, 1999.

Le Yoga de la sagesse, Presses du Châtelet, 1999.

Sages Paroles du Dalaï-Lama, Editions n. 1, 2001.
Cinq entretiens avec le Dalaï-Lama, Marabout, 2001.

b) Em inglês

The Power of Compassion, Thorsons, 1981.
A Flash of Lightning in the Dark of the Night, Shambhala, 1994.
Essential Teachings, Souvenir Press, 1995.
The Dalai-Lama's Book of Wisdom, Matthew E. Bunson, 1997.
The Way to Freedom, Thorsons, 1997.
Awakening the Mind, Lightening the Heart, Thorsons, 1997.
The Dalai-Lama's Book of Daily Meditations, Rider & Renuka Singh, 1998.
The Art of Happiness, Coronet Books & Howard Carter, 1998.
Ancient Wisdom, Modern World, Abacus, 2000.
The Transformed Mind, Hodder & Stoughton, 2000.

Livros sobre o Dalai-Lama

BAKER, Ian, *Le Temple secret du Dalaï-Lama*, La Martinière, 2000.
CRAIG, Mary, *Kundun: La Véritable Histoire du Dalaï-Lama, de son movement et de ses proches*, Presses du Châtelet, 1998.
DAGPO, Rinpoché, Laforêt Claude, *Le Dalaï-Lama*, Olizane, 1993.
FARRER-HALLS, Gilles, *Le Monde du Dalaï-Lama*, Le Pré aux Clercs, 1999.
GIBB, Christofer, *Le Dalaï-Lama*, col. "Les hommes au service des hommes", Sénevé, 1996.

GOODMAN, Michael Harris, *Le Dernier Dalaï-Lama?: biographie et témoignages*, Claire lumière, 1993.

KAMENETZ, Rodger, *Le Juif dans le Lotus: des rabbins chez le Dalaï-Lama*, Calmann-Lévy, 1997.

LEVENSON, Claude B., *Le Dalaï-Lama*, col. "Naissance d'un destin", Autrement, 1998.

RIVIÈRE JEAN, M., *Kâlachakra: initiation tantrique du Dalaï--Lama*, col. "Les Portes de l'étrange", Laffont, 1985.

VANDERHEYDE, Alphonse, *La Force de l'âme: chez cinq personnages internationaux du XX siècle: le Mahatma Ghandhi, Martin Luther King, Mère Teresa de Calcutta, Jean-Paul II et le Dalaï-Lama*, Librairie de l'Inde, 1999.

VAN EERSEL, Patrick, *Le Cercle des anciens: des hommes-médecine du monde entire autour du Dalaï-Lama*, Albin Michel, 1998.

VIDAL, Laurence, *Le Dalaï-Lama, un certain sourire*, col. "Sagesse", Calmann-Lévy, 1995.

Tenzin Gyatso,
o 14º Dalai-Lama

Tenzin Gyatzo nasceu em 1935, no seio de uma família de camponeses, na província de Amdo, no leste do Tibete.

Em 1938, com apenas três anos de idade, foi reconhecido como o 14º Dalai-Lama.

Em 1940, em Lhasa, capital do Tibete, foi oficialmente entronizado como chefe espiritual dos tibetanos.

A partir de então começou para ele o longo aprendizado dos textos fundamentais da tradição, bem como da música, da medicina e da poesia. Nos anos que se seguiram, recebeu uma educação tradicional rígida e muito rigorosa.

Essa existência pacífica e estudiosa foi colocada em xeque quando a China comunista, em 1949, invadiu o Tibete. Embora os chineses se apresentassem como libertadores, os tibetanos não aceitaram renegar sua religião e sua cultura, nem renunciar à sua liberdade.

Seguiu-se uma repressão feroz, que aliou o terror dos massacres ao da destruição dos mosteiros, acarretando como consequência a eliminação da sexta parte da população tibetana: um verdadeiro genocídio envolvendo aproximadamente um milhão de mortos.

O Dalai-Lama não tinha na ocasião mais do que 15 anos. Reagiu como pôde, sem grandes resultados, dada sua falta de experiência no domínio político.

Em 1954 dirigiu-se à China, onde se encontrou com Mao Tse Tung e com Nehru. Voltou a ver Mao em 1955, sem chegar a qualquer resultado positivo que pudesse melhorar a terrível situação dos tibetanos.

Os expurgos do verão de 1956, durante os quais os chineses mandaram seus aviões bombardearem o mosteiro de Litang, revelaram a verdadeira natureza dos projetos de Pequim. Logo os bombardeios, a tortura e as execuções contra a população civil, bem como contra os monges e monjas, passaram a se repetir em ritmo contínuo.

O Dalai-Lama se refugiou na Índia, onde buscou a ajuda da ONU, sem, contudo, obter resposta.

Temendo, finalmente, ser assassinado pela ocupação chinesa, em 1959, disfarçado de soldado, fugiu para a Índia, estabelecendo em Dharmsala um governo de exílio.

A contar dessa época, jamais deixou de defender seu país junto à comunidade internacional, valendo-se de todos os meios possíveis para preservar as instituições escolares, culturais e religiosas do Tibete antigo.

Infatigável representante de seu país, percorreu o mundo para angariar apoio no intento de fazer quebrar o domínio chinês sobre seu povo, publicando inúmeras obras para dar a conhecer a grandeza da cultura tibetana e a profundidade do pensamento budista. Tenzin Gyatso recebeu em 1989 o Prêmio Nobel da Paz.

Sua aura filosófica e midiática não deixou desde então de crescer, a ponto de fazê-lo, hoje, além de supremo representante e ardente defensor do povo tibetano subjugado, uma das mais importantes figuras espirituais de nosso tempo.

Sugestões de leitura

Imagine all the people

Dalai-Lama

Se você pudesse se sentar com o Dalai-Lama para ter com ele uma conversa descontraída, a respeito de que falaria? Fabien Ouaki, francês, conhecido homem de negócios, teve essa oportunidade e pôde então perguntar ao Dalai-Lama quais as suas ideias sobre assuntos do dia a dia que costumam povoar os jornais e a nossa vida. Este livro é o registro dessas variadas e notáveis conversas, abrangendo um amplo leque de temas políticos, sociais, pessoais e espirituais, incluindo mídia e educação, casamento e sexo, desarmamento e compaixão.

Conselhos espirituais do Dalai-Lama

Dalai-Lama

Nestes *Conselhos espirituais*, o Dalai-Lama fala da possibilidade de um encontro espiritual entre o Oriente e o Ocidente, destacando aspectos que lhes são comuns. Cultivando qualidades humanas positivas como a tolerância, a generosidade e o amor, o diálogo inter-religioso não só é possível e desejável, mas ainda imprescindível para que a paz se instale neste mundo.

Osho todos os dias

Osho

Busca de transformação interior, com plena integração de corpo, mente e espírito: essa é a proposta deste livro inspirador. Meditações de fácil leitura, porém com forte chamado ao despertar, são distribuídas página por página de forma a serem lidas uma a uma, diariamente, no decorrer dos 365 dias do ano. São dizeres que tocam nosso interior, fazendo-nos pensar e refletir, gerando uma melhor forma de encarar o a vida.

Meditações para o dia

Osho

O livro apresenta pensamentos de Osho especialmente selecionados para serem lidos ao acordar. Ao ler, pela manhã, essas meditações de sabedoria, você terá a chance de tornar seu dia iluminado de tal forma que tudo que fizer será uma espécie de bênção, tudo que pensar ou disser estará repleto de um sentido divino.

Meditações para a noite

Osho

Por meio de pensamentos e *insights* que devem ser lidos e refletidos todas as noites, o mestre indiano Osho, com sua visão libertadora e ao mesmo tempo polêmica, ensina o caminho do amor, do respeito ao outro, da busca pela paz e pela quietude interna.

A flauta nos lábios de Deus

Osho

Neste livro, Osho comenta as mensagens de Jesus com uma profundidade impressionante, desvelando toda a potência espiritual dos ensinamentos de Cristo e nos mostrando aspectos inéditos e até agora pouco compreendidos dos Evangelhos.

Palavras de fogo

Osho

Utilizando trechos dos Evangelhos de Mateus, Lucas e João, Osho apresenta Jesus como homem, místico e mestre, cheio de amor, fogo e compaixão, e faz uma clara distinção entre o rebelde chamado Jesus Cristo e a religião fundada em seu nome, o cristianismo.

A música mais antiga do universo

Osho

Por meio de belas histórias da tradição zen e de perguntas de seus discípulos, Osho percorre, neste livro, o caminho da meditação. Ele nos ajuda a examinar os mecanismos da mente e a entendê-la, pois sem essa compreensão continuamos a funcionar de acordo com os velhos padrões.

Filhos do universo

Osho

Desiderata, poema escrito por Max Ehrmann, inspirou Osho a refletir sobre diversos temas existenciais, como a liberdade, a sabedoria, a verdade, as religiões e a busca pelo divino. Por meio de histórias, piadas, reflexões e citações de personagens importantes da história, como Jesus e Buda, este livro faz o leitor pensar se a vida que está levando é realmente a verdadeira.

O homem que amava as gaivotas

Osho

Este é um livro diferente: fala de verdades sem ser dogmático; são abordados assuntos que nos pareciam já tão resolvidos e esgotados, mas de maneira nova e totalmente reveladora, criando espaço para novidades; propõe parábolas, histórias, anedotas e até piadas para desestruturar conhecimentos dados como fixos e acabados; amplia horizontes e chama-nos à criatividade, evidenciando que ela é sinal indicativo de vida; encanta-nos, enfim, ao nos conduzir à experiência do próprio eu, permitindo-nos vislumbrar o segredo da existência.